DELIUS KLASING

PER
ANHALTER
ÜBER DIE
WELTMEER

SUZANNE VAN DER VEEKEN

SALZ
AUF DER HAUT

DELIUS KLASING VERLAG

Vorwort

von José van der Veeken

» Wenn nicht jetzt, wann dann?«

Viele von uns verwenden Zitate. Aus Filmen, von berühmten Persönlichkeiten, aus der Zeitung. Diese Zitate sollen uns motivieren, uns inspirieren, im Leben besser zu werden, Verantwortung zu übernehmen. Aber handeln wir auch danach?

Ich kenne tatsächlich jemanden, der das tut. Ich kenne sie schon sehr lange, ihr ganzes Leben lang. Ich habe sie auf die Welt gebracht, habe sie aufgezogen und versucht, ihr alles beizubringen, was sie meiner Meinung nach wissen sollte. Aber nach einer Weile begann sie, auf eigene Faust zu forschen. Sie entdeckte, dass das Leben viel mehr zu bieten hat als das, was in der kleinen Stadt, in der sie aufwuchs, passierte. Sie begann zu reisen. An berühmte Strände und die entlegensten Orte auf der ganzen Welt. Sie suchte nach Möglichkeiten, nachhaltiger zu reisen, und entdeckte dabei die Magie des Segelns.

Der Traum, einen Ozean zu überqueren, war geboren. Ein berühmtes Zitat von Walt Disney lautet: »Wenn du davon träumen kannst, dann kannst du es auch tun!« In diesem Sinne überquerte Suzanne eines Tages den Atlantik mit einem Segelboot. Und noch einmal und noch einmal, mittlerweile 5-mal. Ihre Erfahrungen hat sie in diesem

Buch versammelt, ein Buch über die Herausforderungen, über das, was man tun und lieber lassen sollte, und darüber, wie jeder zu einem gesünderen Ozean beitragen kann. Mit fantastischen Geschichten über Menschen, die sie traf, über das Essen, das sie lieben lernte, und vielen weiteren Abenteuern vom Leben auf dem Meer kam sie nach Hause.

Bis heute reist sie langsam und teilt ihre Liebe für das Meer, seine Lebewesen, seine Küsten und Inseln und ermutigt andere, die Natur und das Meer auf verantwortungsvolle Weise zu erkunden.

»In 20 Jahren wirst du von den Dingen, die du nicht getan hast, enttäuschter sein als von denen, die du getan«

Wir sind so stolz auf unsere Tochter!

Prolog

Ich war schon immer ein Wassermensch. Es ist mein Sternzeichen, auch mein chinesisches Zeichen. Im oder nahe am Meer zu sein, fühlt sich für mich großartig an. Ich habe viele Wassersportarten zu meinem Hobby gemacht: Surfen, Kiten, Tauchen und Freitauchen. Zum Segeln fand ich relativ spät. Erst während eines Praktikums auf Mauritius habe ich das erste Mal ein Segelboot von innen gesehen. Ich weiß noch, dass ich damals dachte: »Wow, wie cool wäre es, wenn ich eines Tages auch mal auf so einem Boot schlafen könnte!« Dieser Gedanke blieb seitdem in meinem Kopf.

Meine erste Übernachtung auf See habe ich dann in Australien erlebt. Trotz Seekrankheit verliebte ich mich in diese Art zu leben. Der Traum, eines Tages um die Welt zu segeln, war geboren. Ich war so neugierig auf den nomadischen Lebensstil einer Seglerin. Es gab nur ein paar Herausforderungen zu meistern. Ich hatte kein Boot und keine Ahnung vom Segeln, und keine Mittel für ein solches Abenteuer. Allerdings bin ich sehr ehrgeizig, deshalb wollte ich auch nicht nur einfach segeln, ich wollte von Anfang an alles richtig machen. Ich wollte alle Aspekte der Seemannschaft kennen, die technischen Aspekte der Boote, die Navigation, das Wetter, die Sterne. Ich wollte mehr über den Ozean selbst erfahren. Ich wollte von Seglern lernen, von ihren Lebenserfahrungen. Alles Dinge, die kein Segelkurs vermitteln kann.

Als ich anfing, Segelschiffe als Transportmittel zu erkunden, dachte ich nach einigen Wochen der Suche im Internet, ich hätte das coolste Boot, den coolsten Kapitän und die coolste Crew der Welt gefunden. Es klang zu schön, um wahr zu sein. Und das war es auch. Ich hatte keine Ahnung, worauf ich mich da einließ, ich hätte mehr Nachforschungen anstellen sollen. So aber habe ich gelernt, wie man dieses Abenteuer nicht angehen sollte.

Mein Durchhaltevermögen hat mich schließlich auch gelehrt, wie man es richtig macht. Inzwischen bin ich über 40.000 Seemeilen auf allen Kontinenten gesegelt, als Amateurin und Profi-Crew, als Kapitänin, als Bootswartin und als Expeditionsveranstalterin. All diese Erfahrungen waren einzigartig. Immer wieder andere Routen, anderes Wetter, andere Boote, andere Menschen, alles anders. Ich erlebte die unterschiedlichsten Arten, mit einem Segelboot zu reisen. Dieses Buch basiert auf den Lektionen, die ich bei meinen Segelabenteuern in mehr als 30 Ländern gelernt habe. Und auf Erkenntnissen aus 15 Jahren, die ich allein um die Welt gereist bin.

Das Seglerleben in der Crew hat mir viele Fähigkeiten und Erfahrungen beigebracht und mir unvergessliche Erinnerungen beschert. Was mich dabei am meisten beeindruckt hat, ist das, was ich über den Ozean selbst gelernt habe. Wie wichtig er für uns ist, und in welch gefährdetem Zustand er sich befindet. Als Meeresnomaden können wir unsere Zeit auf dem Meer dazu nutzen, den Ozean kennenzulernen, seine Wunder ebenso wie seine Not. Wenn wir die Ozeane zum Reisen nutzen, dann übernehmen wir auch Verantwortung für seine Existenz. Meine Segelreisen haben mir dieses Bewusstsein geschenkt, aus dem Fürsorge erwächst, und dem Gefühl der Fürsorge folgen Taten.

Alle meine Gedanken und Erkenntnisse, die ich in den Jahren auf dem Meer gewonnen habe, teile ich in diesem Buch mit euch. Sie sollen euch inspirieren, selbst als Nomadin oder Nomade der Meere, um die Welt zu segeln. Auch ohne eigenes Segelboot, auch ohne großes Budget und ohne endlos viel Zeit.

Aber wie geht das mit dem Mitsegeln?

Streckt man auf dem Steg einfach den Daumen aus oder hält ein Schild mit dem eigenen Ziel in der Hand und wartet, bis ein Segelboot anlegt?

Natürlich nicht, wenn das so einfach wäre, hätte ich dieses Buch nicht schreiben müssen.

Widmung

An meine kleinen Neffen Hugo, Aiden & Nino
und meine Nichte Mathilde:
Ich wünsche euch,
dass ihr alle die Schönheit des Ozeans erleben werdet.
An meine Eltern: Danke, dass ihr mir eine spielerische, natur-
verbundene Kindheit und ewige mentale Unterstützung gegeben
habt, egal, wie verrückt das Abenteuer auch war.
An meinen Hund: Danke, dass du mich täglich inspirierst,
unermüdlich neugierig auf die Welt und das Meer zu bleiben.
An Jonatan: Danke, dass du mein Fels in der Brandung bist und
alle meine Ideen und Abenteuer unterstützt.
An den Ozean: Danke, dass du mir Abenteuer,
Spiel und Leben geschenkt hast. Dieses Buch ist eine Möglichkeit,
etwas zurückzugeben.
Und an alle Abenteuerlustigen!

Inhalt

TEIL 1

Der Traum

Warum segeln?

Da die Welt zu zwei Dritteln aus Meer besteht, warum verbringen wir dann die meiste Zeit unseres Lebens an Land?

Es gibt da draußen ein ganzes Wasseruniversum zu erkunden. Eine Entdeckungsreise mit dem Segelboot vermittelt das ultimative Gefühl von Freiheit. Man fährt einfach dorthin, wohin einen der Wind lenkt, und erreicht Orte, die kaum jemand sonst erreicht. Es ist eine unverfälschte Art des Reisens, bei der man völlig von der Natur umgeben ist und die eine einfache, autarke Lebensweise in sich trägt. Niemand muss es sich nur vorstellen, wie sich Kolumbus fühlte, als er nach Wochen auf dem offenen Meer Land sah. Jeder kann es erleben.

Aber ist das Segeln auch etwas für mich? Wo finde ich ein Boot, online oder vor Ort im Hafen? Woher weiß ich, dass ich jederzeit in Sicherheit bin? Wie reist es sich allein? Als Frau?

Das Leben an Land ist recht bequem. Segeln ist ein großer Schritt aus der Komfortzone heraus, ohne den vertrauten Luxus zu Hause. Eine Segelreise ist garantiert ein Abenteuer. Allein mit der Kraft der Natur, mit Wind und Wellen, kann man den langen Weg zu einem anderen Ort, Land oder sogar Kontinent zurücklegen. Das allein ist schon unglaublich. So ist man früher gereist, als es noch keine Flugzeuge und Frachtschiffe gab.

Ja, man kann sich auf solch eine Reise gut vorbereiten, planen und noch mehr planen, aber am Ende bedarf es immer des Mutes, zum ersten Mal auf ein Boot zu steigen und loszusegeln. Denn es ist eine völlig neue Situation, in die man sich da begibt, und es wird garantiert nicht alles nach Plan verlaufen. Viele herausfordernde Aufgaben sind zu erwarten, für deren Bewältigung das bisherige Erfahrungswissen nicht ausreicht. Auf dem Meer geht es darum, erfinderisch zu sein und die eigenen Kenntnisse und Fertigkeiten stets zu erweitern.

Segeln ist nachhaltig

Flugreisen belasten die Umwelt und sind teuer, Reisen auf Kreuzfahrtschiffen sind fast noch schlimmer. Das liegt nicht nur an der Treibstoffmenge, die sie verbrauchen, und dem Abfall, den sie verursachen. Sie stören auch die Meeresbewohner mit ihrem Lärm. Ein Segelboot belastet die Umwelt vergleichsweise gar nicht – und wir können diese Belastung auf ein Minimum reduzieren. Eine Segelyacht wird vor allem durch Wind angetrieben, der sogar im Zusammenspiel mit der Sonne die Bordelektronik versorgen kann. Mit einem Segelboot zu reisen, ist einfach und nachhaltig.

Digital Detox

Wo wir auch hingehen, wir sind in der Regel vernetzt. Und das zu jeder Tageszeit. Das Internet ist nur einen Mausklick entfernt und bietet eine Fülle interessanter Informationen. Deshalb erfordert es viel Willenskraft, dem Drang, ständig online zu sein, zu widerstehen. Beim Segeln fällt es leicht, dieser Versuchung zu widerstehen. Vor allem, wenn man auf dem Meer ist. Auf See kann man einfach nur sein. Inmitten der Natur und quasi abgekoppelt von der Gesellschaft, bietet das Meer den idealen Raum, um das eigene Leben zu überdenken und sich neu zu orientieren.

Auf See gibt es kein WLAN

Es gibt keine Medien. Keinen Stress. Keine Fristen. Keinen Druck. Keine Leute, die etwas von einem wollen, außer dem Skipper, der von den Mitreisenden erwartet, dass sie sich an den Aufgaben an Bord beteiligen. Was in den meisten Fällen eine unterhaltsame Sache ist. Es kann ein paar Tage auf See dauern, bis man sich an die Ruhe gewöhnt hat. Aber die Belohnung ist es wert. Wenn man offline ist, kann man die schönsten und tiefgründigsten Gespräche führen, ohne dass jemand nur halb anwesend ist, weil das Telefon ständig für Ablenkung sorgt. Offline zu sein, schafft Raum im Kopf und gibt einem die Chance, zu erkennen, was wichtig ist, was man wahrhaftig liebt. Man erlernt die Kunst, präsent zu sein, eine Fähigkeit, die großes Glück birgt.

Beep, beep

Wir haben ein Signal. Das war's dann wohl mit der Ruhe. Nach tagelanger Unterbrechung der Verbindung zur WLAN-Zone ist die Flut an Nachrichten, die ich erhalte, immens. Gibt es Dringendes? Eigentlich nicht. Wichtig? Na ja – also zurück zum Offline-Zustand.

Eine schöne Art, die Welt zu erkunden und zu entdecken.

Für mich ist einer der stärksten Gründe, mit dem Segel zu reisen, neue Orte zu erkunden, abgelegene Orte, weniger touristische Orte, die ich auf anderem Wege kaum oder gar nicht erreichen könnte. Weil sie entweder zu abgelegen sind, eine Pauschalreise zu teuer wäre oder sie nicht auf dem Tourismusatlas verzeichnet sind. Ich bin auf Dutzenden von Inseln und in zahlreichen Buchten gelandet, von denen ich noch nie gehört hatte. Ich habe dadurch einzigartige Naturlandschaften gesehen, tolle Menschen getroffen, köstliche Früchte und Speisen kennengelernt. Und: Ich kann mit dem Segelboot immer noch weiter reisen, noch abgelegenere Ecken der Welt erkunden, noch rauere, ländlichere oder verwunschenere Gegenden kennenlernen.

Dankbarkeit

»Auf See habe ich gelernt, wie wenig ein Mensch braucht, nicht wie viel.« Diese Worte von Robin Graham, amerikanischer Seemann und Schriftsteller, sprechen mir aus der Seele. Als Segler sind wir täglich eng mit dem Meer verbunden. Segeln vermittelt einen tiefen und dauerhaften Respekt vor der Natur. Man erlebt die Kraft des Windes und der Wellen und erkennt, wie kostbar Ressourcen wie Wasser, frische

Luft, Strom und frisches Gemüse sind. Einem wird bewusst, dass das, was man zu Hause als normal ansieht, auf einem Boot gar nicht normal ist.

Morgens aufrecht im Bett sitzen, eine Dusche nehmen, die länger als zehn Sekunden dauert, einen Kaffee einschenken, der nicht verschüttet wird, eine Toilettenspülung, ein frischer Apfel in der Obstschale, in einem Bett schlafen, das sich nicht bewegt, Essen, das auf dem Herd bleibt, Steckdosen, die morgendliche Routine ohne vier neue blaue Flecken überstehen, Geschirr mit warmem Wasser spülen, länger als zehn Meter gehen, Freunde treffen, mit denen man sich unterhalten kann, WLAN und vieles mehr. All die Dinge, die wir an Land für selbstverständlich halten, werden zu Luxus. Wer auf dem Meer lernt, auf diese Annehmlichkeiten zu verzichten, wird ewig dankbar sein, sie zu Hause wieder genießen zu dürfen. Denn derartige Selbstverständlichkeiten gibt es auf einer Segelyacht nicht. Durch die begrenzten Lagerungs- und Kühlmöglichkeiten muss gut durchdacht sein, was man auf die Reise mitnimmt und was nicht. Extreme Einschränkung ist an Bord ein Muss. Vor allem nach einer längeren Überfahrt mit all dem Verzicht, wird jeder Tropfen Wasser, der zu Hause wie selbstverständlich aus dem Hahn kommt, jedes Stück frisches Obst, jede gute Nachtruhe zu einem wertvollen Gut.

Begegnung mit Gleichgesinnten

Bei der Suche nach einer Mitfahrgelegenheit, der Vorbereitung des Bootes und der Ankunft an einem neuen Orten, trifft man viele interessante Menschen. Jeder hat seine eigene Geschichte und seine Gründe, warum er oder sie segelnd unterwegs ist. Es ist eine großartige Gemeinschaft. Früher hatte ich die Vorstellung, dass Segeln nur etwas für reiche Leute sei, dass es vor allem darum geht, teure Boote und schickes Bootsinterieur zu zeigen; dass man als Besatzung nur dazu da ist, das Deck zu schrubben. Mein Bild vom Segeln hat sich komplett geändert, seit ich angefangen habe, mich in Häfen und Marinas herumzutreiben und in die Welt auf dem Wasser einzutauchen.

Segler sind Freigeister und Menschen, die das Meer lieben. Die meisten von ihnen haben den gleichen Traum: ein einfaches Leben auf dem Wasser zu führen, die Welt zu erkunden und nach ihren eigenen Vorstellungen zu leben. Auf dem Meer trifft man viele, die diesen Traum leben. Menschen mit einer Mission.

Anker lichten

Es brist auf! Wir setzen das Großsegel und rollen die Fock aus. Ich liebe dieses Gefühl! Mit einer schönen Geschwindigkeit von 4 Knoten (das ist Joggingtempo) segeln wir zur nächsten Bucht in Langkawi, einer Inselgruppe in Malaysia. Der Skipper relaxt mit einem Buch, ich übernehme das Steuer. Ich navigiere zwischen Mini-Inseln, Fischerbooten und Netzen hindurch. Im Suzy-Zickzack-Stil bewegen wir uns vorwärts. Ich finde es großartig, wie viel Vertrauen er in mich setzt. Ich habe zwar keinen Segelschein, aber ich bin schon auf acht Booten mitgefahren und habe mehr als 10.000 Seemeilen Erfahrung. Während ich die raue malaysische Landschaft bewundere, komme ich mit den anderen Seenomaden an Bord ins Gespräch, mit Menschen aus den USA, der Schweiz und Neuseeland. Wir sprechen über die Gesellschaft, über Geschäftsideen, die Zukunft und Fragen des Lebens. Die Verbindungen, die ich mit Menschen auf dem Meer eingehe, vertiefen sich viel schneller als an Land. Auf See ist niemand auf dem Sprung, man ist einfach da.

Lernerfahrungen

Bei einer Segelreise geht es mehr um gute Seemannschaft als um das Segeln an sich. Dabei hängt das Ausmaß, wie intensiv man Segeln lernen kann, stark vom Kapitän ab, dem Boot, der Strecke und dem Wetter. Je kleiner das Boot ist, umso eher versteht man, wie Segeln ganz grundsätzlich funktioniert.

Seemannschaft, worunter Seeleute alle Verhaltensregeln, die die sichere Fahrt, das Miteinander auf dem Schiff und die Begegnung mit anderen Schiffen betreffen, verstehen, ist der interessanteste und anspruchsvollste Teil eines Segelabenteuers. Man mag das größte Bankkonto haben, aber nichts kann gegoogelt oder gekauft werden, wenn man auf See ist. Und man kann auch niemanden anheuern, um schnell mal etwas zu reparieren. Man muss erfinderisch sein, wenn sich schwierige oder unerwartete Situationen ergeben, und man lernt durch die eigenen Erfahrungen auf dem Weg. Man lernt beispielsweise, mit den eigenen Händen zu arbeiten und viel Wissenswertes über den Wind, das Wetter, die Geografie, die Sterne, die Navigation.

Wann sonst nimmt man sich die Zeit, so intensiv zu beobachten? Besonders viel erfährt man an Bord natürlich über die Ozeane. Seit ich Seglerin bin, wurde mir bewusst, wie bedrohlich die Situation unserer Meere tatsächlich ist und wie sehr unser eigenes Überleben vom Zustand der Meere abhängt.

Wenn ich auf einem Segeltörn mit eigenen Augen die Fischereiflotten sehe, den Müll in den Häfen, im Meer und an den Stränden, bedrohte Meeresfrüchte auf Speisekarten und beschädigte Korallen erkenne, dann spüre ich eine ohnmächtige Wut in mir aufsteigen. Doch dem Entsetzen folgt schnell der Wunsch, aus dieser Ohnmacht zu erwachen und aktiv zu werden, mich selbst für den Schutz der Meere einzusetzen. Wir stehen an vorderster Front des Geschehens, und wir können eine Menge tun und bewirken.

Verbindung zur Natur

»In der Wirtschaft der Natur ist die Währung nicht Geld. It's life.« Wie recht die indische Sozialaktivistin Vandana Shiva mit diesen Worten hat. Die meisten von uns verbringen mehr Zeit in geschlossenen Räumen als im Freien. Da vergisst man leicht die natürliche Welt, aus der wir kommen. Auf dem Meer ist man den Elementen ausgesetzt und spürt sofort die Natur. Man stelle sich ein Szenarium ohne Verkehr, Nachrichten, Umweltverschmutzung oder Zivilisation vor. Nur Wind und Wasser – und davon jede Menge.

Man bestaunt stundenlang die Millionen von Sternen über sich, erfreut sich an Dutzenden von Delfinen, die am Bug des Bootes durchs Wasser gleiten, und kann die rosa-orange-roten Sonnenaufgänge und ebenso schillernde Untergänge der Sonne bewundern, ohne dass irgendwelche Flugzeugspuren die fluffigen, blumenkohlartigen Wolkenmuster verändern.

Auf dem Meer wird einem bewusst, wie sehr man von der Natur umgeben ist. Das inspiriert. Und es öffnet die Augen. Man erkennt, wie abgekoppelt wir in unserem Alltag von Flora und Fauna sind. So sieht man etwa mitten in der Natur, weit weg von der Zivilisation, eine Plastikflasche vorbeischwimmen. Ein von Menschen gemachtes Ding, das dort nicht hingehört. Wenn man das sieht, denkt man über all jene Auswirkungen nach, die wir als Menschen verursacht haben. Und zwar jeder von uns.

Wenn ich eine Flasche im Meer sah, konnte ich nicht garantieren, dass es nicht meine gewesen war. Ich habe in meinem Leben Dutzende von Flaschen entsorgt. Jetzt habe ich aber gelernt, dass der Plastikmüll damit nicht automatisch weg ist. In den sozialen Medien und in den Nachrichten können wir es alle sehen: Plastikflaschen in Meeresstrudeln, Strohhalme, die von Schildkröten verschluckt wurden, Inseln, die untergehen, an Land gespülte Wale. Im Alltag befinden wir uns meist weit entfernt von diesen dramatischen Bildern. Es ist deshalb schwer, die Bedrohung greifbar zu machen. Sie scheint uns nicht wirklich zu betreffen. Zumindest denken wir das. Aber wenn man draußen ist, erweitert man buchstäblich seinen Horizont. Wer sich auch aufs Meer hinauswagt, wird es selbst sehen, wird zum Nachdenken angeregt werden – und zum Handeln.

Neue Perspektiven

»Was ist eigentlich ein Wissenschaftler? Es ist ein neugieriger Mann, der durch ein Schlüsselloch schaut, das Schlüsselloch der Natur, und versucht zu wissen, was los ist«, so formuliert es Jacques-Yves Cousteau, französischer Meeresforscher und Dokumentarfilmer. Man stelle sich vor, jede Nacht in den Himmel zu blicken und Galaxien zu sehen. Da fühlt man sich klein und gleichzeitig dem Himmel so nah. Solch ein Erlebnis bringt einen dazu, seinen Platz in der Welt zu überdenken. So regen Segeltörns dazu an, über den Sinn des Lebens zu philosophieren.

Ich habe neulich im Radio gehört, dass ein Mensch pro Tag 2.800 Entscheidungen trifft. Ob es stimmt oder nicht, weiß ich nicht, aber ich glaube, wir sind nah dran. Man braucht nur durch den Supermarkt zu gehen, und schon ist man 100 Entscheidungen weiter. Ist das nicht wahnsinnig? Wie viel Energie das kostet. Das ist ein Abenteuer für sich. Wer sich für Tage oder Wochen mit Vorräten versorgen muss, wird die Lebensmittelverschwendung aus einem anderen Blickwinkel betrachten.

Auf See muss man nicht täglich 1.000 Entscheidungen treffen, sondern nur noch zehn pro Tag. Soll ich Tee oder Kaffee kochen, dieses oder jenes Buch lesen, kurze oder lange Hosen tragen, auf dem Vorderdeck oder im Cockpit sitzen? Das ist alles. Wirklich. Und es ist großartig! Man muss sich nur mal vorstellen, wie viel zusätzliche Energie dadurch frei wird. Oder mit Marcel Proust, dem französischen Schriftsteller, gesprochen: »Die wahre Entdeckungsreise besteht nicht darin, neue Landschaften zu suchen, sondern darin, neue Augen zu haben.«

Beim Abenteuer Meer entdeckt man seine eigenen Werte neu und erkennt, was einem wirklich wichtig ist. An Land sind ständig und überall neue Anreize um uns herum, die halten uns auf Trab. Auf einem Boot wird man aufs Inselleben vorbereitet, auf ein entschleunigtes Leben. Wenn man aus dem System aussteigt, weg von den Schlagzeilen, der Werbung und den sozialen Medien, weg vom lauten Verkehr und der stinkenden Luft, dann kommt man mit seinem wahren Selbst in Kontakt. Man legt eine Pause ein von der Achterbahn der Geschäftigkeit, Produktivität und der Bequemlichkeit. Es ist ein Neustart. Man hat Zeit, Gedanken schweifen zu lassen. Das fördert die eigene Kreativität und bringt uns auf großartige Ideen.

Es sind Erlebnisse, wie der Anblick der Plastikflasche mitten im Nirgendwo, die einen zum Innehalten bringen. Es ist wie ein Wellness-Retreat. Und nachdem man neue Perspektiven auf Vertrautes gewonnen hat, erkennt man vielleicht, dass es Zeit ist, den Kurs in manchen Bereichen seines Lebens zu ändern, sobald man wieder an Land ist oder sogar sofort. Mit all dem Freiraum, der draußen auf dem Meer entsteht, werden wir erfüllt und sind bereit zu Neuem.

Segeln ist gesund

»Der Ozean rührt das Herz, beflügelt die Fantasie und bringt der Seele ewige Freude.« Da kann ich Robert Wyland, dem amerikanischen Künstler und Naturschützer, nur zustimmen. Das Meer wirkt nicht nur geistig heilend, es hält uns auch körperlich gesund. Tag für Tag können wir frische Meeresluft einatmen. Wie viel Energie, Sauerstoff und Lebendigkeit das für unser Wohlbefinden bedeutet! Reine Luft ist heutzutage ein Luxus. Außerdem tanken wir Vitamin D durch die Sonne – aber natürlich: Vorsicht vor zu viel UV-Strahlung.

Ich fühle mich so lebendig, obwohl mir klar ist, dass heute der berühmte »blaue Montag« ist, jener dritte Montag im Januar, der zumindest in meiner Heimat als der deprimierendste Tag des ganzen Jahres gilt. Heute ist tatsächlich alles um mich herum blau. Der Himmel ist blau, das Meer ist blau, und auch meine Kleidung ist blau. Aber: Ich bin so was von nicht deprimiert – ich bin der möglicherweise glücklichste Mensch auf dem Planeten. Die Temperatur des Wassers beträgt jetzt 24,6 °C. Die Luft ist wärmer als auf den Kanarischen Inseln. Ich brauche den Pullover nicht mehr. Wir sind definitiv auf dem Weg in die Tropen. Am Horizont sehen wir ein Boot. Aufregend, das erste Schiff seit drei Tagen.

Erinnerungen fürs Leben

Egal, ob man das Segeln nur ausprobieren will oder den Segelsport mit Ernsthaftigkeit ausüben möchte, ein Abenteuer auf dem Meer ist eine Erfahrung, an die man sich für den Rest seines Lebens erinnern wird. Man wird zurückblicken und denken: »Verdammt, ja!« Wenn man etwas will, muss man Mut fassen und handeln. Schritt für Schritt kann man sich dem Traum nähern und ihn verwirklichen. Die Reise ist es wert.

Ich stehe auf einem Felsen

Mein erster großer Erfolg bei einem Outdoorabenteuer im Ausland ereignete sich, als ich acht Jahre alt war. In einem wilden Fluss, irgendwo in den belgischen Ardennen, gab es diesen sehr, sehr großen Felsen, der förmlich darauf wartete, erklommen zu werden. Also sprang ich mit meinen kleinen rosa Gummistiefeln an den Füßen ins Wasser und kletterte auf den Felsen. Ich fühlte mich wie auf dem Gipfel der Welt und schrie laut zu meinen

Eltern: »Ich stehe auf einem Felsen!« Jedes Mal, wenn ich zu einem neuen Abenteuer aufbreche, schreiben sie diesen Ausspruch jetzt auf eine Postkarte.

Zunächst ist bei mir alles so abgelaufen, wie es von einer jungen Mitteleuropäerin erwartet wird. Ich war 17 Jahre alt, als ich die Highschool abschloss. Ein Jahr jünger als die anderen. In der Grundschule hatte ich eine Klasse übersprungen. Nach der Schule wollte ich auf jeden Fall reisen, aber alle rieten mir davon ab. Wie die meisten Teenager in der westlichen Welt, wuchs ich in einem System auf, das von einer Bildungseinrichtung zur nächsten führt. Der Plan ist klar: Wenn man die Schule abschließt, geht's auf die Universität.

Mir ist völlig klar, dass dies für viele junge Menschen ein erstrebenswertes Ziel ist und wir das Glück haben, dass diese Möglichkeit uns offensteht. Aber mit 16 Jahren, als ich mich für ein Studienfach entscheiden sollte, war ich eigentlich noch zu jung, um zu studieren. Ich wollte durch Erfahrungen lernen, auf Reisen gehen.

Schließlich hörte ich doch auf meine Eltern und studierte. Ich entschied mich für Freizeitwissenschaften. Ich dachte mir, wenn ich schon keine Freizeit habe, dann studiere ich sie halt. Zwei Jahre lang hatte ich aber nicht das Gefühl, etwas Nützliches zu lernen.

Um ein umfassenderes Bild von der Welt und dem Leben zu bekommen, müssen wir hinausgehen und Erfahrungen sammeln. Jetzt, nachdem ich das getan habe, studiere ich erneut, diesmal Ayurveda. Ich bereue nichts, habe aber viel Energie damit verschwendet, mir Gedanken darüber zu machen, was wohl andere über mich denken.

Eines Tages fragte mich meine Mutter: »Solltest du nicht vielleicht dein Studium aufgeben?« Sie hatte bemerkt, dass mir das Ganze keinen Spaß machte. Ich habe nicht einmal in Erwägung gezogen, dass ich abbrechen könnte. Etwa zur gleichen Zeit überredete mich eine meiner besten Freundinnen, meinen ersten Snowboardurlaub in Frankreich zu machen. *Wahnsinn! Das hat mich begeistert.* Ich sagte Ciao zum Studium und Hallo zu einer fünfmonatigen Snowboardsaison. Ich fand einen Job bei einem Reiseveranstalter und in einer Bar in den französischen Alpen. Tagsüber konnte ich jeden Tag snowboarden. Dieses Abenteuer öffnete meinen Lebenskosmos und meinen Geist. Fünf Monate lang befand ich mich in einem Flow-Zustand. Nachdem ich mich in den Alpen im Schnee ausgetobt hatte, arbeitete ich einige Monate lang in einem Surfcamp an der französischen Atlantikküste, um das Salz des Meeres zu kosten. Diese Erfahrungen machten mich neugierig auf weitere Abenteuer. Aber nun sollte es etwas Internationales sein, damit ich irgendwie in meinem Abenteuer-Flow bleiben konnte.

Klare Prioritäten

Mittlerweile stürze ich mich von einem Abenteuer ins nächste. Und das hat nichts mit Glück zu tun, im Wesentlichen sind es Willenskraft, Entschlossenheit und das Setzen klarer Prioritäten, die mich immer wieder auf Reisen schicken. Schritt für Schritt habe ich mir einen Lebensstil geschaffen, der meine Neugier auf die Welt in den Mittelpunkt stellt. Dafür habe ich in den letzten Jahren die Welt behutsam bereist und mittlerweile mit Ausnahme der Antarktis alle Kontinente besucht.

Dabei sehe ich mich selbst nicht als Reisende per se, vielmehr gehe ich auf Langzeitabenteuer mit vielen kleinen Wagnissen auf dem Weg. Es ist ein langsamer Reisemodus und Lebensstil. Normalerweise bleibe ich ein paar Monate an einem Ort, dabei vergeht kein Tag, an dem ich nicht etwas im Freien unternehme.

Wo immer ich hinging, versuchte ich, eine erfüllende Arbeit zu leisten und so gut wie möglich zur lokalen Szene beizutragen. Das ist die wichtigste Lektion, die ich nach all den Jahren des behutsamen Reisens gelernt habe: Welches Abenteuer auch immer ich unternehme, es sollte jemand anderem helfen, damit es sich lohnt. Je mehr ich über die Geschehnisse in der Welt erfuhr, desto mehr wurde ich angeregt, nicht nur Spaß zu haben, sondern mehr zu leisten, mich einzusetzen. Ich habe erkannt, dass es nicht nur um mich geht. Es geht im Leben darum, einen Sinn zu finden und etwas zurückzugeben.

Ich bin glücklich, gesund und lebe in einer Zeit, in der vieles möglich ist. Ich habe das Glück, in den Niederlanden geboren worden zu sein, einen Reisepass zu besitzen, der mir Reisen ins Ausland ermöglicht, und Eltern zu haben, die auf meine Gesundheit und Bildung geachtet haben. Ich möchte nicht nur ein Teil der Lösung sein, die wir für die Probleme auf unserem Planeten benötigen, ich will auch selbst Lösungen schaffen.

In Peru habe ich in den Anden geholfen, Angebote für Besucher vor Ort zu entwickeln; in Tonga, einem Inselstaat im Südpazifik, habe ich den Tourismus und die Anpassung an den Klimawandel erforscht. Ich habe den Menschen auf der Insel Saba geholfen, nachhaltiger zu leben. In Indonesien habe ich mit Einheimischen zusammengear-beitet, um ihnen zu helfen, ihr kleines Reiseunternehmen bekannter zu machen. All meine Trips weckten in mir den Wunsch, andere zu inspirieren, vergleichbare Erfahrungen zu machen. Ich begann zu bloggen und Videos zu drehen, um meine Erfahrungen weiterzugeben und andere zu motivieren, auch ihre Reisen für Sinnvolles zu nutzen.

Meine Abenteuer, Aufbrüche, kleinen Fluchten haben sich immer um das Meer gedreht. Tauchen, Schnorcheln, Surfen, Kitesurfen. Aktivitäten am Meer sind wie Magie für Körper und Seele. Vor ein paar Jahren habe ich angefangen, mich mit Freitauchen und Segeln zu beschäftigen. Diese Wassersportarten haben mir den Weg in neue Dimensionen gezeigt und mir die ernsten Probleme der Ozeane vor Augen geführt. Es steht schlimm um die Weltmeere, und sie brauchen unsere Aufmerksamkeit. Das Einzige, was wir nicht kaufen können, ist ein neuer Planet.

Ich hoffe, dass ich etwas zum Erhalt des Planeten beitragen konnte und auch in Zukunft kann – das ist meine Motivation und auch die Basis für dieses Buch.

Geld haben oder eine Kokosnuss

»Wächst dein Geld auf den Bäumen?« Diese Frage, wird mir oft gestellt. Wie finanziere ich meine Abenteuer? Erstens: Die Art und Weise, wie ich reise, kostet nicht viel Geld. Ich habe mich dafür entschieden, mich einzuschränken und mit wenig zu leben, um mehr Freiheit für Entdeckungen zu haben. Ich besitze nicht viele Dinge, und das finde ich unglaublich befreiend. Seit vier Jahren habe ich zum ersten Mal in den Jahren des Reisens einen festen Wohnsitz. Mein Zuhause ist ein altes Wohnmobil. Ich habe keinen Kühlschrank. Nur ein Solarpanel, um meine elektrischen Geräte aufladen zu können. Außerdem besitze ich eine Freitauchausrüstung, eine Filmausrüstung und einen Computer, sodass ich meine Freude und meine Gedanken und Ideen mit der Welt teilen kann.

Zum Beispiel habe ich dieses Buch geschrieben, während ich bei Freunden übernachtet habe – ich habe ihre Häuser gehütet und ihre Segelboote fit gemacht. Ein Deal, bei dem beide Seiten gewinnen, ohne dass Geld im Spiel ist. Ich buche keine Hotels. Ich schließe mich der lokalen Gemeinschaft an und frage die Einheimischen um Rat. Wenn die mit 300 US-$ im Monat auskommen, dann kann ich das auch. Und ich konnte es. Ich habe monatelang von weniger als diesem Betrag gelebt, es ging so weit, dass ich nur noch einen Peso für eine einzige Kokosnuss übrig hatte. Tatsächlich kann man sich eine ganze Woche lang sehr gut von Kokosnüssen ernähren, sicher sogar noch länger. Genug Zeit, um eine Lösung zu finden, um den Abenteuerfonds mithilfe von außen aufzustocken. Ich helfe Menschen, und sie helfen mir. Der Austausch von Fertigkeiten und Dienstleistungen bringt mich weit. Und ich bin Niederländerin, Sparsamkeit liegt mir im Blut. Ich investiere eben lieber in Erinnerungen als in Dinge.

27

Dennoch basiert unser System letztlich auf Geld, und auch ich brauche etwas davon. Ich konnte mir meine Abenteuer durch unterschiedliche Projekte ermöglichen – durch meinen Blog, meine Beratertätigkeit im Bereich des nachhaltigen Tourismus und das Unterrichten von Freitauchern. Durch Videos und Fotos und, seit ich mit dem Segeln begonnen habe, auch durch die Organisation von Segeltörns und durch die Ozeannomaden-Community. Und natürlich auch: durch dieses Buch.

Ich habe mir einen Lebensstil geschaffen, der mir die Freiheit gibt, selbst zu entscheiden, wann ich für den Erhalt meines – wenn auch geringen – Lebensstandards mein Gehirn einsetze und wann es an der Zeit ist, die Dinge einfach auf mich zukommen zu lassen. Eine Freiheit, für die ich auch Opfer bringen muss. Ich kann nicht einfach die neueste Meerjungfrauenflosse kaufen. Okay, vielleicht ist das auch gar nicht so wichtig. Ich verpasse oft Großereignisse mit Freunden und Familie, Hochzeiten, Geburten und Geburtstagsfeiern. Ich kann nicht einfach einen Flug buchen oder meine Mission für derartige Anlässe unterbrechen. Dafür ermöglicht es mir mein Lebensstil, ständig in der Happy Zone, im Meer und in der Natur zu sein und meine Superkräfte zu erhalten, damit ich die Energie habe, etwas zurückzugeben, wo ich kann. Ich bin ein glücklicher Narr, was mir nicht geschenkt wurde, denn ich habe im Laufe der Jahre sehr hart für meinen Traum gearbeitet. Und ich arbeite zu den seltsamsten Zeiten, meistens dann, wenn andere Feiern gehen. Das coole Foto an der Mastspitze kommt nicht von allein. Ich muss erst auf den Mast klettern.

Das wunderbare Freitauchen

Diese Mentalität, andere Wege einzuschlagen und dabei den eigenen Kräften zu vertrauen, wurde durch das Freitauchen noch verstärkt. Es ist ein Sport, der die Grenzen von Körper und Geist auslotet. Freitauchen hat mich gelehrt, dass die Fähigkeiten unseres Körpers weit über das hinausgehen, was ich für möglich gehalten hatte. Wichtige

Voraussetzung: Man muss ruhig und entspannt bleiben und sich ganz auf den Moment konzentrieren.

Oberhalb der Wasserlinie ist es genauso. Ich war von Booten fasziniert. Aber abgesehen davon, dass ich das aufblasbare Gummiboot, mit dem wir in den Campingferien unterwegs waren, steuern konnte, wusste ich anfangs nichts übers Segeln. Mit einer Yacht zu segeln, schien für mich eine ziemlich ferne Angelegenheit zu sein. In den Jahren, in denen ich jetzt gereist bin, gab es nur eine Konstante in meinem Leben: den Ruf des Meeres. Im, am oder in der Nähe des Meeres bin ich die beste Version meiner selbst.

Meine erste Nacht auf einem Segelboot verbrachte ich in Australien. Danach streckte ich meine Fühler immer wieder nach Segelmöglichkeiten aus. Ich war begierig darauf, alles übers Segeln, die richtige Seemannschaft und die Ozeane zu erfahren. Das Segeln auf dem Meer schien mir ein guter Ausgangspunkt zu sein, um meinem Traum von einer Weltumsegelung einen Schritt näher zu kommen. Ich musste mich einfach in eine Situation begeben, in der ich alles darüber lernen konnte. Je weniger realistisch ein Traum zu sein scheint, desto mehr kann es mich motivieren, alles zu tun, was nötig ist, um ihn zu verwirklichen. Wenn wir über das hinausgehen, was wir für möglich halten, ist nichts mehr undenkbar.

Meine Eltern

Wie haben meine Eltern reagiert, als ich mit dem Segeln anfing? »Mama, Papa, ich werde versuchen, mit Fremden in ein Boot zu steigen und den Atlantik zu überqueren.« Ich konnte geradezu hören, was meine Mutter dachte: »Oje, warum wirst du nicht sesshaft, findest einen Mann, bekommst Kinder und lebst ein normales Leben?«

Obwohl meine Eltern sich manchmal wünschen würden, dass die Dinge anders wären, unterstützen sie mich in allem, was ich tue. Sie wissen, dass ich nicht einfach den ganzen Tag am Strand chille. Es war nicht das erste Mal, dass ich ein verrücktes Abenteuer ankündigte, aber dieses Mal war es weniger greifbar. Unsere Familie hat keine

Erfahrung mit Booten, Segeln oder damit, wie das Leben auf dem Meer funktioniert. Also erschien es ihnen riskant. Als ich auf dem Weg zu Boot Nummer eins war, fand ich eine Postkarte in meinem Seesack: »Liebe Tochter, wir würden uns nicht wundern, wenn du als Nächstes mit Pinguinen in der Antarktis Limbo tanzen würdest.« Auch wenn es ihnen nicht gefiel, sagten meine Eltern: »Wenn es das ist, was du tun willst, dann tu es.« Ich habe Glück, dass ich so loyale Eltern habe. Auch, dass ich meine Eltern überhaupt noch habe. Das ist nicht selbstverständlich.

Als Segelneuling gleich einen Ozean zu befahren, kann ich nicht jedem und jeder empfehlen. Um meine Segelerfahrung hatte ich mich damals noch nicht ausreichend gekümmert, und zunächst hatte ich keine Ahnung, worauf ich bei einem Boot oder einem Skipper achten sollte. Was sich an Bord zum Glück bald ändern sollte. Denn Offshoresegeln, also das Segeln abseits der Küste, ist eine ernste Sache und bedarf eines anspruchsvollen Trainings. Ich liebte es von Beginn an. Nach meiner Premiere segelte ich auf Dutzenden von Segelbooten mit verschiedenen Skippern auf dem offenen Meer, an der Küste entlang und von Insel zu Insel hüpfend.

Einige meiner schönsten Meer-Erlebnisse hatte ich in Griechenlands Inselwelt, in Thailand und in Malaysia, aber auch auf einer Kreuzfahrt durch die Karibik sowie auf meinen vielen Atlantiküberquerungen. So unterschiedlich diese Herausforderungen auch waren, sie waren alle bereichernd. Wobei das Segeln auf hoher See wahrscheinlich die abenteuerlichste Variante ist, an der ich am meisten schätze, dass man langsam reist und die ganze Zeit im Freien ist.

Es gibt so viele unvergessliche Momente, wenn man an Bord unterwegs ist. Man kommt durch die Kraft des Windes irgendwo an und entdeckt neue Orte. Das allein ist eine besondere Sache, die mich von meinem ersten Segeltörn an fasziniert hat. Nach ein paar Jahren als Crewmitglied auf fremden Booten fühlte ich mich dann bereit, selbst Skipperin zu sein. Also beschloss ich, die Prüfung zum Yachtmaster Offshore abzulegen. Danach konnte ich die Rollen tauschen und selbst Leute zum Segeln mitnehmen. Denn wenn es etwas gibt, das ich beim Segeln auf den Booten anderer Leute oft vermisst habe, dann ist es das Zusammensein mit Gleichgesinnten. Mit Menschen, die nach tollen Booten mit einer abenteuerlustigen Crew suchen, und die auch ein großes Herz für das Meer haben.

Alle meine Erfahrungen auf dem Meer haben mein Herz für den Ozean wachsen lassen. Ich hatte bereits ein großes Herz für die Natur, aber das Segeln hat mir die Augen für die Welt der Meere geöffnet – durch die Menschen, die ich unterwegs getroffen, und die Dinge, die ich mit eigenen Augen gesehen habe. Wir sind super privilegiert, wenn wir diese Art von Abenteuern erleben dürfen. Und deshalb ist es auch unsere Verantwortung, etwas zu tun, etwas zurückzugeben.

Mythen rund ums Segeln

Segelerfahrung ist ein sehr vager Begriff. Was ist damit gemeint? Dass man als Kind in einer kleinen Jolle gesegelt ist, auf der man zwar sehr gut manövrieren konnte, aber nichts über die Seemannschaft wusste? Segeln zu können oder zu lernen, umfasst nur einen kleinen Teil dessen, was beim Reisen mit einem Segelboot von Bedeutung ist. Es gibt so viel zu tun, und viele Fähigkeiten sind wichtig, um auf einem Boot klarzukommen. Unsere Persönlichkeit, unser Charakter und unsere Einstellung sind dabei das Wichtigste. Das ist der Hauptgrund, warum Menschen einen mit an Bord nehmen werden. Manche Skipper bevorzugen sogar jemanden, der keine Segelerfahrung hat, weil man dadurch oft aufmerksamer ist und weniger arrogant.

Alles andere kann man lernen. Natürlich verlangen die Skipper für bestimmte Passagen Erfahrung im Umgang mit Booten. Aber das kann vieles bedeuten. Manche Menschen haben durch das Segeln von Regatten eine Fülle von Segelerfahrungen gesammelt, was wirklich ein guter Weg ist, um das Segeln zu erlernen. Aber vielleicht ist der Regattasegler noch nie übers offene Meer oder über Nacht gesegelt, und vielleicht ist gerade diese Kenntnis für eine bevorstehende Passage von besonderer Bedeutung. Der Skipper sucht sich in der Regel die Crew aus, die für die zu erwartenden Herausforderungen der jeweiligen Etappe am geeignetsten erscheint.

Man muss reich sein

Natürlich kann man einen kostspieligen Segelkurs belegen oder einen teuren Charterurlaub machen, aber man kann eben auch auf das Boot eines anderen Seglers aufspringen, der diesen Lebensstil lebt. Wenn man auf einem fremden Boot mitsegelt, werden in der Regel die Kosten für Unterkunft, Verpflegung und Transport geteilt. Sicher können der Kauf und Unterhalt eines Bootes aufwendig sein, müssen es aber nicht. Manche Seenomaden haben sich ein Boot gekauft, weil es für sie die günstigste Art ist, zu leben. Wenn man ausrechnet, was man derzeit monatlich für Miete, Lebensmittel und Transport ausgibt, kann man die Kosten für ein Leben an Land gut mit denen vergleichen, die ein Leben auf dem Meer verursacht. Am Ende hängt es davon ab, welchen Lebensstil man hat.

Die Kosten für eine Segelreise hängen auch stark von der Art des Törns ab. Wer auf einem Boot entlang der italienischen Küste segeln und jeden Tag Pizza essen gehen möchte, wird die Kosten in die Höhe treiben.

Auf einer Hochseepassage wird man kein einziges Geschäft betreten und entsprechend Kosten einsparen. Zudem wird es oft erschwinglicher, je länger man reist. Ich bin fast mein ganzes Erwachsenenleben lang gereist, und ich wüsste nicht, wie ich mir in den Niederlanden bei den hohen Lebenshaltungskosten ein anständiges Leben hätte leisten sollen. Die meiste Zeit meines Lebens als Erwachsene lagen meine Lebenshaltungskosten zwischen 500 und 1.000 € im Monat, und das ist ein überschaubarer Betrag, den man ansparen kann. An vielen Orten habe ich schon für viel weniger Geld komfortabel gelebt.

Klar, es gibt jede Menge Rechnungen zu begleichen, doch wofür zahlen wir da eigentlich? Benötigen wir noch jede Mitgliedschaft? Vielleicht können wir unsere Wohnung untervermieten, oder wir suchen uns einen Nebenverdienst und noch einen. Es gibt viele Wege, um die Mittel aufzubringen, die man benötigt, um sich in ein Segelabenteuer stürzen zu können.

Im Allgemeinen sind wir oft sehr damit beschäftigt, Dinge zu kaufen, die wir eigentlich nicht brauchen. Warum geben wir das Geld nicht stattdessen für Erlebnisse aus? Es lohnt sich so sehr, all diese Rechnungen zu minimieren und dadurch die Möglichkeit zu erhalten, mehr Zeit für sich zu haben.

Man muss viel Zeit haben

Die Zeit, die man für ein Segelabenteuer benötigt, hängt von der Art und Länge des Törns ab. Schließlich ist das Wetter entscheidend. Wenn man nicht viel Zeit hat, kann man sich auch für einen Tages-, Wochenend- oder Wochentörn irgendwo in der Nähe entscheiden und einfach lossegeln. Wer jedoch ein eigenes Boot besitzt, sollte etwas mehr Zeit mitbringen. Schließlich muss ein Boot gepflegt werden. Wer sich für eine Segelreise entschieden hat, sollte gleich mit den Vorbereitungen beginnen, am besten noch beim Lesen dieses Buches.

Es gibt den perfekten Zeitpunkt

Wir erfinden Ausreden, schieben unsere Pläne vor uns her oder nutzen jede Situation, die sich uns bietet, um das Aufbrechen hinauszuzögern. Das hält uns in unserer Komfortzone, wo wir es warm und gemütlich haben, wo alles so vertraut ist, dass selbst die normalen Probleme etwas Anheimelndes haben. Genau das ist der Punkt. Es gibt uns das Gefühl, dass alles okay ist, nur richtig lebendig fühlen wir uns nicht. So können wir alt werden, ohne große Geschichten zu erleben, Geschichten, die wir unseren Enkelkindern erzählen könnten. Doch was ist auf lange Sicht wichtiger?

Man sollte nicht auf den richtigen Zeitpunkt, das richtige Budget, die richtige Erfahrung, den richtigen Partner warten. Zeit ist kostbar, und wer vom Aufbruch träumt, sollte an diesem Tag mit seinem Vorhaben beginnen. Es ist nicht verkehrt, auf die richtige Gelegenheit zu warten, aber in der Zwischenzeit sollte man sich vorbereiten. Damit man bereit ist, wenn die Zeichen schließlich auf Start stehen.

Die Erwartungen der Gesellschaft an uns, das ständige Bedürfnis, mehr Geld zu verdienen, und der Drang, produktiv zu sein – nur wofür? Um Dinge zu kaufen, die wir schon bald wieder in den Müll werfen werden? Um vor dem 30. Lebensjahr einen Burn-out zu erleiden? Um Geld zu sparen für später?

Zeit ist wertvoller als Geld. Wir können immer noch mehr Geld verdienen, aber niemals mehr Zeit. Das erfordert ein gewisses Maß an Kreativität, Proaktivität, Anpassung und Umdenken, aber es macht das Leben lohnend. Wir müssen unsere Träume aktiv verfolgen, um sie verwirklichen zu können, unsere Maßstäbe so setzen, wie wir leben wollen. Glück ist mehr wert als jedes Bankkonto. Man sollte den Wert Zeit dem Geld vorziehen, das ist die beste Investition, die man tätigen kann.

Am besten man sagt zu allem und jedem Nein, was einen daran hindert, seine mutigen Ziele zu erreichen. Man sollte deshalb seine Zeit auch nicht mit Menschen verbringen, die man nicht wirklich mag, oder in einem Job absitzen, der einem nicht liegt. Vor allem aber sollte man keine Stunden damit verschwenden, durch die sozialen Medien zu scrollen und zu schauen, wie pseudobunt das Leben anderer ist.

Stattdessen sollte man Zeit mit Gleichgesinnten verbringen – das Internet macht es einfacher als je zuvor, sie zu finden. »Finde deinen Stamm«, nenne ich das. Finde heraus, welche Weltenbummler sich gerade in deiner Nähe befinden und ebenfalls nach Verbündeten Ausschau halten.

Es muss ja nicht immer ein monatelanges Abenteuer sein. Man kann sich auch eine Woche Urlaub nehmen, um Meeresluft zu schnuppern. Wenn man mit dem Segelboot die Welt erkunden möchte, muss man Stück für Stück darauf hinarbeiten. Und entschlossen sein. Einfach ein Segelabenteuer zu seiner Priorität erheben, den eigenen Terminkalender blocken und die Familie und den Chef in das Vorhaben einweihen. Der schwierigste Schritt dabei ist, aus der Tür zu treten. Sobald das gelingt, ist der Rest ganz einfach.

TEIL 2
Planung und Recherche

Ticket ins Paradies

Segeln heißt nicht Urlaub machen. Es ist wichtig, zu wissen, dass Segeln harte Arbeit sein kann. Nicht alle Tage sind sonnig mit perfektem und Kopfsprung-Wetter zum Baden. Es gibt immer etwas zu tun, nicht zuletzt müssen ständig Wartungsarbeiten durchgeführt werden. Und allein die Vorbereitung auf eine größere Reise, wie das Segeln auf einem Ozean, bedeutet jede Menge Arbeit. Als Crew nimmt der Skipper höchstwahrscheinlich Menschen an Bord, um die Arbeitslast, aber auch den Spaß zu teilen, vor allem, wenn es sich um eine freiwillige Segelcrew handelt. Der Kapitän hat das Kommando, also müssen seine Befehle befolgt werden, ob es einem gefällt oder nicht.

Es wird neben all der Arbeit aber natürlich auch Tage geben, die nahezu perfekt sind. Malerische Sonnenaufgänge, Delfinschwärme rund ums Boot, der endlose, nächtliche Blick in die Weiten der Galaxie, tolle Gespräche und die Möglichkeit, sich selbst und der Natur näher zu kommen. Segeln als Crew kann ein Ticket ins Paradies sein.

Ein Erlebnis, das man nie vergessen wird und von dem man noch seinen Enkeln erzählen möchte. Ein paar grundlegende Informationen über das Segeln und die Terminologie können helfen, das Abenteuer auf See besser zu meistern.

Gut informiert

Es ist wichtig, über die Passage, das Boot, den Skipper und die Mannschaft genau informiert zu sein, bevor man an Bord geht. Schließlich kann jeder ein Boot besitzen, ohne Erfahrung oder einen Segelschein zu haben. Man sollte deshalb gut recherchieren, vor allem, wenn man eine Langfahrt plant. Wochenlang wird man dann mit zunächst fremden Personen zusammenleben, arbeiten, essen und vielleicht sogar eine Koje teilen. Offshorepassagen sind ohne Unterbrechung möglich. Auch auf einer Ozeanüberquerung macht man keinen Halt (wenn man Glück hat, nur zum Schwimmen). Man ist Tag und Nacht unterwegs.

Hochseesegeln ist wie Camping in der Wildnis mit einer Gruppe Fremder. Nur dass man nicht weggehen kann. Dabei kommen viele Persönlichkeiten auf engstem Raum zusammen.

Die Crew

Alle möglichen Begriffe werden verwendet, um die Segelbootreisenden, die eine Mitfahrgelegenheit suchen, zu beschreiben: Anhalter, Amateur-Crew, Trittbrettfahrer, Mitnahme-Crew, Tramper und Seepocken. Es läuft alles auf dasselbe hinaus: eine freiwillige Crew, die auf dem Boot eines bis dato Unbekannten unterwegs ist. Ich bezeichne uns Mitsegler in diesem Buch als freiwillige Crew. Egal, ob mit Segelerfahrung oder ohne, ob mit Geld, das man beisteuert, oder ohne. Oder ob man das Boot im Voraus online gebucht oder vor Ort im Hafen gefunden hat. Oft ist man nur für eine Passage oder einen begrenzten Zeitraum als freiwillige Crew gemeinsam an Bord.

Besatzung ist ein allgemeinerer Begriff für alle Personen auf dem Schiff, mit Ausnahme des Kapitäns oder Skippers. Die Crew kann für kurze Zeit oder für Jahre an Bord sein. Im Charter, wo es ein Geschäft ist, Leute mit an Bord zu nehmen, gibt es auch Passagiere, die bezahlen und von denen nicht immer erwartet wird, dass sie arbeiten. Als Besatzung hilft man bei allem, was zum Betrieb des Bootes notwendig ist.

Mit wem hat man es nun zu tun? Man hört von Yachties, Seglern, Fahrtenseglern, Kreuzfahrern, Kapitänen, Skippern und Bootseignern. Was sind die Unterschiede?

Yachties, *Cruiser* und *Live-aboard-Segler* bedeuten im Grunde ein und dasselbe. Diese Menschen haben im Allgemeinen ein Boot zu ihrem Zuhause gemacht, fahren herum und fühlen sich oft an bestimmten Orten wohl, bleiben dort, ändern ihre Pläne oder machen überhaupt keine Pläne.

Segler sind Menschen, die tatsächlich auf dem Meer unterwegs sind und segeln. Sie sind in Bewegung. Es kann sich dabei um Yachties, Kreuzfahrer oder Live-aboard-Segler handeln, obwohl Segler oft nicht zu den Letzteren gehören. Diejenigen, die hauptsächlich segeln wollen, entscheiden sich manchmal ganz bewusst gegen ein eigenes Boot. Ein Boot bedeutet ständige Pflege, also viel Arbeit, was die Zeit zum Segeln verkürzt. Einige Live-aboard-Segler segeln seit Jahren nicht mehr, sondern leben einfach an Bord ihres Bootes.

Kapitän oder *Skipper* bedeuten im Prinzip dasselbe. Der Skipper ist die Person, die für die Navigation des Bootes verantwortlich ist. Bei Yachten und Fahrtenseglern ist dies normalerweise der Eigner. Es gibt aber auch Boote, deren Eigner nicht in der Lage ist, das Boot selbst zu navigieren. Oder es nicht will. Diese Menschen haben dann jemand an Bord, der das Boot als Skipper führt. Als Besatzungsmitglied, das an Bord eines Bootes geht, ist es am wichtigsten, sich mit dem Skipper sicher zu fühlen, denn er ist die Person, die das Kommando hat.

Warum sollten Skipper (oder Bootsbesitzer) spontan einen Fremden auf ihrem Boot mitnehmen? Viele Eigner haben sich monate- oder sogar jahrelang auf ein bestimmtes Segelabenteuer vorbereitet und darin investiert. Bei den heutigen technischen Fortschritten in der Navigation und Kommunikation brauchen sie oft keine weitere Hilfe. Diese Eigner nehmen zusätzliche Besatzungsmitglieder eher deshalb mit, weil sie in Gesellschaft mehr Spaß haben und die Kosten senken wollen. Arbeit fällt dennoch genug für alle Crewmitglieder an.

Segeln heißt langsam reisen

Zunächst einmal sind Segelboote langsam unterwegs. Abhängig von der Größe des Schiffes, dem Wetter und den Segeln beträgt die Durchschnittsgeschwindigkeit eines Seglers etwa 5 Knoten. 5 Knoten sind gleichbedeutend mit 5 Seemeilen pro Stunde, wobei eine Seemeile pro Stunde umgerechnet 1,852 Kilometern pro Stunde entspricht. Wer also einen Zeitplan einhalten muss, in Eile oder ungeduldig ist oder sich mit dem Gedanken nicht anfreunden kann, nicht zu wissen, wann er ankommen wird, für den ist eine Reise mit dem Segelboot vielleicht nicht die beste Wahl. Eine Atlantiküberquerung dauert zum Beispiel zwischen zwei und vier Wochen.

Anpassung

Anpassung ist der Schlüssel, wenn man auf einem fremden Segelboot mitfährt. Man muss sich an die Situation an Bord anpassen, wenn man ein Boot betritt. Schließlich betritt man das Haus eines anderen, wobei sich der Lebensraum Boot von dem eines Hauses an Land stark unterscheidet. An Bord gibt es nur begrenzte Ressourcen wie Wasser und Strom, was Einfallsreichtum und Anpassung erfordert.

Planänderung

Außerdem verläuft Segeln fast nie wie geplant. Es gibt so viele Variablen, die wohl wichtigste davon ist das Wetter, nach dem der Skipper seine Pläne ausrichtet. Deshalb muss man von Anfang an Vereinbarungen treffen und klar kommunizieren. Am besten, man überlegt sich im Voraus alternative Reiseszenarien, um eine notwendige Kursänderung stressfrei und mit ruhigem Gewissen bewältigen zu können.

An Bord eines Schiffes hat man wenig Privatsphäre. Der Aufenthalt auf einem Segelboot erfordert auch in diesem Punkt Anpassung. An Bord ist alles begrenzt, es gibt wenig Raum für sich allein. Man teilt sich so ziemlich jeden Quadratmeter mit anderen, daher ist es auch wichtig, ein nettes Team zu haben und mit dem Skipper gut klarzukommen.

Beim Segeln lebt man nicht nur mit dem Wetter, man wird von ihm regelrecht beherrscht. Das wiederum bringt Erfahrungen, die einen lehren, sich hinzugeben, zu beobachten, zu lernen, sich anzupassen und zu akzeptieren. Das Wetter bestimmt in hohem Maße die Reiseroute. Man muss seine Reisepläne dem Kurs des Bootes anpassen. Segler funktionieren nicht wie Fähren, die nach einem bestimmten Fahrplan von A nach B fahren. Segelboote müssen ihre Fahrten nach den Jahreszeiten richten, ihre Routen dem Wetter entsprechend planen, Pannen und verschiedene Variablen kommen hinzu. Man wird nicht einfach ein Schiff finden, das im August von Spanien nach Mexiko segelt. Es ist keine übliche Route, und der August liegt mitten in der Hurrikansaison. Auch wird man kein Schiff finden können, das von Kanada nach Afrika fährt und am Tag X dort ankommt. Das ist eine riesige Passage mit so vielen Unwägbarkeiten, dass sie nicht präzise planbar ist. Man muss flexibel sein, was Zeit und Zielort angeht, wenn man segelnd reist.

Die Fragen, die man sich deshalb stellen sollte, lauten:
- Wie viel Zeit habe ich?
- Wie viel Geld kann und will ich zu diesem Abenteuer beitragen?
- Bin ich auf der Suche nach einer Überfahrt oder einem Inselhopping-Abenteuer?
- Und muss ich zu einer bestimmten Zeit an einem bestimmten Ort ankommen oder möchte ich mich einfach nur treiben lassen?

Küstensegeln versus Offshoresegeln

In meinen Zwanzigern waren meine Englischkenntnisse eher sehr schlecht. Ich beschloss, einige Zeit in Australien zu verbringen, um ein Praktikum zu absolvieren und mein Englisch aufzubessern. Hier habe ich dann zum ersten Mal als Crewmitglied auf einem Boot gearbeitet. Zunächst ging ich zu allen Yachtclubs entlang der Küste von Queensland, um herauszufinden, ob ich für einen Tag an Bord eines Bootes gehen konnte. Viele Häfen haben sogenannte »Join a Yacht on Sunday«-Veranstaltungen, bei denen jeder an Bord eines Bootes gehen kann, um einen Nachmittag lang mitzusegeln. Das war als Start großartig. Aber ich war so neugierig darauf, zu erfahren, wie es sein würde, auf einem Boot zu schlafen. Ich träumte davon, die »Whitsundays«, eine Inselgruppe in Queensland, zu besuchen, aber ich konnte nicht Hunderte von Dollar für einen dreitägigen Törn ausgeben. Außerdem wollte ich die Touristenpfade verlassen und Orte erkunden, die nicht im Reiseführer stehen, um wirklich etwas zu erleben. Im Internet fand ich dann eine passende Yacht, und ein paar Tage später war ich beim Inselhopping in den Whitsundays. Das Wunderbare beim Küstensegeln ist, dass man im nächsten Hafen wieder von Bord gehen kann. Auf dem Meer geht das nicht.

Also sind Küstensegeln und Offshoresegeln zwei völlig unterschiedliche Kategorien des Reisens mit einem Segelboot. Wenn man noch nie gesegelt ist, gern aber mal segelnd reisen will und auf Entdeckungstour gehen möchte, dann empfehle ich, mit dem Segeln in Küstengebieten zu beginnen. Man kann an einer Regatta teilnehmen, einen Tag einfach mitsegeln oder einen mehrtägigen Törn in Küstennähe erleben.

Diese Art des Segelns ist im Allgemeinen die gemächlichere Art, Buchten und Inseln zu erkunden. Man geht an abgelegenen Orten vor Anker, schwimmt, schnorchelt, wandert und erkundet Orte. Und wenn man sich mit den Leuten, mit denen man unterwegs ist, nicht ganz so gut versteht, kann man das Boot im nächsten Hafen einfach wieder verlassen.

Hochseesegeln bedeutet hingegen, die Küste aus den Augen zu verlieren und nonstop in die Nacht zu segeln. Man segelt über Nacht und längere Strecken, was eine magische Erfahrung ist. Aber man kann das Boot nicht einfach so verlassen. Hochseesegeln ist ein ernsthaftes Abenteuer, das Einfallsreichtum, mentale Stärke und Vorbereitung auf höchstem Niveau erfordert. Dabei ist man es sich selbst, seinem Skipper und seinen Mitseglern schuldig, dass man sich auf einem Hochseesegeltörn sicher und wohl fühlt. Zusammen mit seinem Crew-Team führt man das Schiff rund um die Uhr. Man segelt das Boot gemeinsam, kocht, schiebt Wache, und muss dabei oft festgelegte Zeitpläne berücksichtigen.

Am Anfang fand ich, dass das Schlafen auf einem Boot an sich schon eine große Herausforderung ist. Ich empfehle deshalb, mit einem kürzeren Törn zu beginnen, zum Beispiel mit Inselhopping. Es macht Spaß, ist entspannend und man springt viel ins Meer. Es bringt einen zu Häfen und Buchten, die von der Masse nicht erreicht werden. Ich war regelrecht süchtig nach dieser Art zu reisen. Und wenn es einem gefällt, kann man auf der nächsten Insel einfach bleiben.

Wenn man fest entschlossen ist, auf hoher See zu segeln oder vielleicht sogar einen Ozean zu überqueren, empfehle ich, zunächst einen Küstensegelkurs zu absolvieren. Am besten mit demselben Boot, mit dem man auch eine Hochseepassage plant. Auf diese Weise lernt man seine Mitsegler und den Skipper schon einmal kennen.

Zum Glück habe ich genau das auf meinem ersten Boot getan, mit dem ich den Atlantik überqueren wollte – eigentlich. Das war die beste Entscheidung, die ich je getroffen habe. Denn während des Probetörns zwischen den Inseln wurde mir klar, dass dies nicht das richtige Boot für mich war. Ich habe mich nicht sicher gefühlt.

Ein Segelboot kommt nur langsam voran, deshalb sollte man sicher sein, dass man sich mit den Leuten an Bord gut versteht. Andernfalls würde der Törn sehr lang werden.

Was den Lernfaktor betrifft, so lernt man beim Hochseesegeln ganz andere Dinge als beim Offshoresegeln oder dem Küstensegeln. Es können Tage auf See vergehen, ohne dass man überhaupt die Segel wechselt. Und vielleicht hat das Boot auch einen Autopiloten, den man benutzt. Auf der anderen Seite lernt man beim Hochseesegeln wahrscheinlich mehr über Seemannschaft und Navigation. Beim Küstensegeln erwirbt man andere Fähigkeiten. Man erlebt in der Regel mehr Segelwechsel, und man übt auch das Einholen des Ankers, das Ankern, das Navigieren in und aus Yachthäfen und vieles mehr.

Die Wahl des Bootes

»Auf was für ein Schiff gehst du denn?« Das war die erste Frage, die mir meistens gestellt wurde, wenn ich erzählt habe, dass ich den Atlantik überqueren würde. Ich wusste nichts über Boote und dachte: »Ist das wichtig? Ich will nur eine Überfahrt machen.« Nachdem ich nun auf vielen verschiedenen Booten gesegelt bin, ist mir klar geworden, dass die Art des Bootes einen sehr großen Teil der Erfahrung ausmacht. Nicht nur wegen des Bootes, sondern auch wegen der Aufgaben und Menschen, die mit bestimmten Bootstypen unterwegs sind.

Von allen Optionen bevorzuge ich ein kleineres Einrumpf-Segelboot zwischen 40 und 44 Fuß. Solche Yachten sind einfach, aber durchaus auch herausfordernd, und auf Booten dieser Größe habe ich die coolsten Skipper kennengelernt. Einrumpfboote machen Spaß beim Segeln. Im Gegensatz zu einem Katamaran ist es einfacher, das Boot zu spüren. Kleinere Boote ermöglichen zudem mehr Erkundungstouren und geselliges Beisammensein im Hafen, da es normalerweise weniger zu tun gibt an Bord. Ich bin vor allem ein Fan von Holzbooten von natürlicher Schönheit. Auf ihnen fühle ich mich einfach am wohlsten und am freisten. Und man hat auch in der Marina immer irgendwie einen positiven Status bei den anderen Seglern.

Kleine Segelboote

Als Crewmitglied auf einer kleinen Segelyacht wird man mit allen Aspekten der Seemannschaft und des Segelns konfrontiert und mit Sicherheit viel lernen. Boote gibt es in allen möglichen Formen und aus allen möglichen Materialien. Schiffsrümpfe werden aus Stahl, Holz, Aluminium und aus Glasfaser hergestellt. 90 Prozent der Boote, die über Ozeane fahren, sind größer als 36 Fuß, wobei die meisten um die 44 Fuß (14 Meter) messen.

Auch eine kleinere Yacht kann aber durchaus hochseetauglich sein. Ich habe auch Boote von 26 Fuß gesehen, die den Atlantik überquert haben.

Sowohl Einrumpfboote als auch Katamarane sind bei Tauchsafaris beliebt. Katamarane sind im Allgemeinen schneller, geräumiger und schaukeln weniger. Die Kehrseite der Medaille: Sie können leichter kentern. Das ist natürlich abseits der Küste schnell das Ende der Geschichte.

Nachdem ich Hunderte von Booten bei der Planung, Vorbereitung und Durchführung von Hochseepassagen erlebt habe, schätze ich, dass etwa 70 Prozent der Boote, die kreuzen, Einrümpfer sind.

Große Yachten

Viele größere Yachten oder sogar Superyachten sind weltweit auf den Meeren unterwegs. Meist sind sie in Privatbesitz, können aber für Familienurlaube auch gechartert werden, wenn der Eigner und seine Familie sie nicht selbst nutzen. Auf diesen Schiffen kann man häufig gut arbeiten. Man kann als freiwillige oder bezahlte Besatzung an Überführungen teilnehmen, sofern man die nötige Erfahrung und die entsprechenden Papiere vorweisen kann.

Bei einer Überführung wird ein Schiff von A nach B gebracht. Zum Beispiel, um für eine neue Chartersaison wieder auf der anderen Seite des Ozeans bereit zu liegen. Vielleicht auch, weil der Eigner in die Karibik gejettet ist, um eine Woche zu segeln. Oder weil das Schiff an einen neuen Besitzer auf einem anderen Kontinent verkauft wurde.

Normalerweise übernehmen professionelle Teams diese Art der Überführung. Als Freiwilliger kann man eine billige zusätzliche Hilfe sein und gleichzeitig wertvolle Eindrücke sammeln.

Superyachten

Eine Yacht gilt als Superyacht, wenn sie über 24 Meter lang ist. Das sind große, teure Schiffe. Sie haben oft Generatoren, die jeden Tag laufen, um Kühlschranke, Gefriertruhen und Klimaanlagen in Betrieb zu halten. Sie bunkern Tausende Liter Kraftstoff und Wasser und sind weniger vom Wind abhängig. Das Risiko ist also geringer und der Komfort enorm hoch.

Fahrten mit Superyachten verlaufen allerdings oft nach einem eng getakteten Zeitplan, sodass bei der Auslieferung wenig Spielraum für Zwischenstopps bleibt. In den meisten Fällen befinden sich mehr Leute an Bord, fünf bis acht Personen im Vergleich zu drei auf kleineren Schiffen. Eine Offshorepassage auf einem solch großen Schiff ist schneller, weniger abenteuerlich und regelrecht luxuriös. Die Besatzung ist oft jünger, einige leben und arbeiten ständig auf dem Schiff. Viele haben den Atlantik schon mehrmals überquert und sind weniger aufgeregt als der durchschnittliche Kreuzfahrer. Aber, wie gesagt, der Zeitplan ist sehr eng, und es wird üblicherweise von einem Crewmitglied erwartet, die gesamte Zeit recht hart zu arbeiten.

Großsegler

Gigantische traditionell getakelte Schiffe werden im Allgemeinen als Großsegler bezeichnet. Je nach Betrieb, können diese Schiffe gute Beispiele für nachhaltiges Segeln sein. Mehr als ein Jahrhundert alte Schiffe sind noch heute in Betrieb. Die Rümpfe sind meist aus Holz, seltener aus Stahl. Es sind spektakuläre Riesen. Für den Betrieb eines Großseglers wird in der Regel eine umfangreiche Besatzung benötigt. Oft ist die Crew dabei ehrenamtlich an Bord, oder es werden zahlende Gäste mit an Bord genommen. Großsegler fahren häufig zu festgelegten Terminen, auf festgelegten Routen. Die Möglichkeit, spontan auf einem Großsegler zu trampen, ist selten. Es gibt jedoch zahlreiche von der Gemeinde verwaltete Großsegler, die in verschiedenen Teilen der Welt verkehren.

Kosten – wer zahlt was?

Als ich einmal auf dem fremden Boot mitgesegelt bin, habe ich eine lehrreiche Erfahrung gemacht. Der Skipper lud mich ein, an einer Regatta teilzunehmen. Ich dachte: »Fantastisch.« Mir war dabei nicht klar, dass ich mich aber auch an den Startgebühren beteiligen sollte. Eine enorme Summe für mein winziges Rucksacktouristen-Budget. Mein Fehler, weil wir diese Frage nicht vorher geklärt hatten.

Täglicher Betrag

In den meisten Fällen wird ein täglicher Beitrag für das Boot erhoben, und darüber hinaus teilt man sich alle übrigen Kosten. Im Durchschnitt werden 10 bis 20 € pro Tag zur Deckung der Bootskosten verlangt. Dieser Betrag entspricht allerdings nicht einmal annähernd den Gesamtkosten für ein seetüchtiges Schiff.

Geteilte Ausgaben

Einige Skipper bitten darum, sich an den Reisekosten, zum Beispiel für Lebensmittel, zu beteiligen. Auf einer durchschnittlichen Segelyacht, die den Ozean überquert, zahlt man plus/minus 5 € pro Tag – je nachdem, wie gut man sich versorgt. Weitere persönliche Kosten wie Reise- und Visakosten kommen hinzu. Treibstoff und Hafengebühren (diese Kosten variieren stark) werden auf vielen Booten ebenfalls geteilt. Der Skipper übernimmt in der Regel die Zoll- und Einwanderungsgebühren – in den meisten Ländern umfasst dies eine Gebühr für das Boot und eine kleine Gebühr pro Besatzungsmitglied.

Zoll- und Einwanderungsgebühren können zwischen wenigen und Hunderten von Dollar liegen. Wenn man sich diese Kosten teilt, sollte man sich über den oder die Zielorte informieren, um die dortigen Kosten einschätzen zu können.

Die Besatzung kann den Skipper auch davon befreien, sich an der Verpflegung zu beteiligen. Er oder sie hat viel investiert, um das Schiff seetüchtig zu machen. Es ist eine freundliche Geste, und man kann seine Wertschätzung dadurch zum Ausdruck bringen. Dies ist auch bei Charterfahrten Usus.

Allgemeine Kosten

Häufiger übernimmt der Skipper die Kosten für Treibstoff sowie Hafen- und Liegeplatzgebühren und in seltenen Fällen auch für die Verpflegung an Bord. Wenn man Glück hat, kostet ein solches Segelabenteuer dann keinen Cent. Es ist aber selten, dass eine Fahrt völlig kostenlos ist. Bei einer Freifahrt wird wahrscheinlich erwartet, dass man überdurchschnittlich viel arbeitet. Kostenlose Mitfahrgelegenheiten sind die Ausnahme. Geld zu sparen sollte nicht der Hauptgrund sein, sich auf eine Mitreisegelegenheit einzulassen. Es wird Zeit kosten, die man besser damit verbringen sollte, Geld für ein sicheres, beglückendes und traumhaftes Segelabenteuer zu verdienen.

Auf größeren Yachten ist oft mehr Geld vorhanden, aber hier wartet auch mehr Arbeit auf die Mitreisenden. Eine Fahrt auf einer großen Yacht kann eine Mischung aus Freizeit und Arbeit bedeuten. Größere Yachten nehmen oft ein oder zwei Besatzungsmitglieder zusätzlich zu ihrer festen oder angeheuerten professionellen Besatzung mit auf die Reise. Sie sind billige helfende Hände für die Stammbesatzung – eine klassische Win-win- Situation.

Bezahlung plus Passage

Wenn man viel Glück hat oder sehr erfahren ist, kann man eine Mitfahrgelegenheit finden, die obendrein bezahlt wird. Denn manchmal wollen Skipper nicht nur eine Crew, sondern brauchen sie auch. Und die entsprechenden Leistungen lassen sie sich etwas kosten.

Weitere Kosten

Zu den genannten Kosten und Gebühren benötigt man noch zusätzlich etwas Geld für die Anreise zum Schiff. Ebenso für die Unterkunft, Verpflegung und Getränke in der Hafenstadt vor der Abreise oder bei der Ankunft.

Im Gepäck sollten man unbedingt eine gute Jacke, einen Seesack, eine Mütze und eine Kamera haben. Zudem sollte man prüfen, ob für jedes Crewmitglied eine seetaugliche Schwimmweste an Bord ist. Erforderlich sind auch eine Reisekrankenversicherung und ein Notgroschen für den Fall, dass es nicht wie geplant läuft. Dann bitte nicht vergessen: Visa für Länder, in denen der Pass allein nicht ausreicht.

Suchkriterien definieren

Es gibt viele Arten von Segelabenteuern, Skippern und Segelyachten. Deshalb ist es wichtig, dass man sich über seine Ziele und Prämissen im Klaren ist. Eindeutige Ziele helfen, eine passende Crew zu finden.

Folgende Fragen sollte man sich deshalb stellen:

- Warum möchte ich mit einem Segelboot reisen?
- Bin ich einfach nur neugierig, wie das Leben an Bord ist, egal, wohin es geht?
- Oder möchte ich einen bestimmten Ort erreichen?
- Ist es mein Ziel, meine Segelfähigkeiten zu verbessern?
- Oder bin ich daran interessiert, ein tieferes Verständnis für die Seemannschaft und alles, was das Leben an Bord mit sich bringt, zu erlangen?
- Möchte ich erfahren, wie es sich anfühlt, an einem abgelegenen Ankerplatz auf einem Boot aufzuwachen?
- Wie viel bin ich bereit, fürs Segeln aufzuwenden?
- Ist es ein Wochenendhobby, ein ausgedehnter Urlaub oder erwäge ich eine grundlegende Änderung meines Lebensstils?
- Welchen körperlichen und geistigen Herausforderungen bin ich beim Segeln gewachsen, und wie stelle ich mir vor, sie zu bewältigen?
- Segle ich lieber allein, oder genieße ich die Gesellschaft einer Crew?

- Welche Sicherheitsbedenken habe ich, und welches Risiko bin ich bereit, einzugehen?
- Wie will ich das Segeln mit anderen Lebensverpflichtungen vereinbaren?
- Bin ich auf der Suche nach einem nachhaltigen Lebensstil, oder bin ich eher an einem Reiseerlebnis mit minimalen Umweltauswirkungen interessiert?
- Welche kulturellen Begegnungen und Erfahrungen möchte ich beim Segeln sammeln?
- Reizt es mich, an Wettkämpfen teilzunehmen, oder bevorzuge ich eine entspanntere Herangehensweise ans Segeln?

Der Faktor Zeit

Für einen Segeltörn muss man ausreichend Zeit einplanen.

Aber wie kann man die Zeit berechnen, die man benötigen wird?

Die Dauer einer Reise hängt von verschiedenen Kriterien ab, wie zum Beispiel der Route, dem Wetter, der Art des Schiffes und der Art der Segel, die das Schiff hat. Entscheidend für die Reisedauer sind auch die Form des Schiffes, dessen Gewicht und Größe, die Segelkenntnisse an Bord, die Frage, ob das Schiff Zwischenstopps einlegen wird oder ob Schäden, die auftreten, repariert werden müssen.

Die durchschnittliche Reisegeschwindigkeit hängt zudem von den Entscheidungen des Skippers ab, etwa ob er den Motor an windstillen Tagen einsetzt oder nicht. Es gibt also viele Variablen, weshalb es im Allgemeinen besser ist, von Entfernungen, also von Seemeilen, zu sprechen, anstatt von Zeit. Boote stechen in See, wenn es ein gutes Wetterfenster gibt, jedenfalls sollten sie das. Und das kann manchmal bedeuten, dass man warten muss. Lange warten muss. Manchmal brechen Boote auch zu festen Terminen auf, zum Beispiel bei bestimmten Regatten oder bei größeren Schiffen, die einen bestimmten Zeitplan einhalten müssen. Das ist zwar für die Planung hilfreich, aber nicht immer so komfortabel, weil man es dann möglicherweise mit dem Wetter zu tun bekommt.

Um die Entfernung zwischen zwei Orten in Erfahrung zu bringen, muss man eine Seekarte zurate ziehen, auf Papier oder online. Dabei gilt im Allgemeinen: Je größer das Schiff, desto schneller fährt es. Je schwerer das Schiff ist, desto langsamer fährt es. Auch die Form des Rumpfes und des Kiels, die Segel und die Segelkenntnisse an Bord beeinflussen die Geschwindigkeit eines Bootes.

Katamarane sind im Allgemeinen schneller als Einrumpfboote, weil sie weniger Verdrängung haben. Im Vergleich: Ein Einrumpfboot ist zwischen 30 und 40 Fuß lang, damit kann man etwa 100 Seemeilen pro Tag zurücklegen. Manchmal ein bisschen mehr, manchmal ein bisschen weniger. Ein Katamaran oder ein Einrumpfboot mit mehr als 50 Fuß Länge können zwischen 150 und 200 Seemeilen pro Tag schaffen.

Boote mit einer Länge von mehr als 90 Fuß können im Durchschnitt etwa 200 Seemeilen pro Tag zurücklegen. Es gibt jedoch keine allgemeingültigen Angaben, denn jede Situation auf dem Meer ist anders. Diese Richtlinien können aber helfen, zu berechnen, wie lange eine bestimmte Reise dauern kann. So lässt sich die Dauer einer Reise anhand der Entfernung und der Durchschnittsgeschwindigkeit des Bootes schätzen. Dabei sollte man bedenken, dass Segelboote selten in einer geraden Linie fahren. Es empfiehlt sich also, mindestens weitere 20 Prozent der Entfernung zu den Berechnungen hinzuzufügen.

Um die Geschwindigkeit zu messen, werden auf See andere Maße verwendet als an Land. Auf See wird in Knoten oder Seemeilen gerechnet. Ein Knoten misst die Geschwindigkeit, eine Seemeile die Entfernung. Wie viel Zeit benötigt man also?

Wahrscheinlich mehr, als man denkt.

Crew und Kapitän

Der vielleicht wichtigste Punkt, den man berücksichtigen sollte, ist die Anzahl der Besatzungsmitglieder an Bord. Mit wie vielen Personen möchte ich reisen? In den meisten Fällen würde ich niemals empfehlen, auf einer Yacht anzuheuern, auf der nur der Skipper allein unterwegs ist. Es sei denn, man kennt ihn sehr gut, und man könnte das Boot zur Not auch allein steuern.

Wenn man den Skipper nicht kennt und das Boot nicht allein steuern kann, ist das Segeln mit einer größeren Crew zu empfehlen, es ist sicherer. Allerdings – je mehr Leute sich an Bord befinden, desto mehr Platz und Ressourcen müssen auch geteilt werden. Man kann auf der elegantesten Yacht der Welt unterwegs sein, es wird eine sehr lange Fahrt werden, wenn die Menschen, mit denen man reist, einem nicht liegen. Um sich hier abzusichern, sollten einige Frage geklärt werden:
- Wie viele Personen an Bord sind erfahren und können das Boot steuern?
- Welche Qualifikationen hat der Skipper?
- Welche Art von Booten hat er bereits gesegelt?

Wenn er ein Neuling ist – was durchaus in Ordnung sein kann:
- Wer ist dann an Bord und bringt die nötige Erfahrung mit?

Die Antworten auf diese Fragen können sehr unterschiedlich ausfallen. Es kommt darauf an, welche Art von Erfahrung man sucht, was man selbst einbringen kann und wie man sich wohl fühlt.

Bedeutsam ist es auch, ob man dieselbe Sprache sprechen kann. Kommunikation ist an Bord das A und O. Man sollte immer in der Lage sein, sich gegenseitig zu verstehen. So wichtig wie die Sprache kann die Einstellung sein. Hat man gemeinsame Interessen? Teilt man ähnliche Werte? Berücksichtigen sollte man dabei auch das Alter. Natürlich ist das Alter nur eine Zahl. Aber als 20-Jähriger findet man es vielleicht schwierig, auf einem Boot mit vielen über 70-Jährigen unterwegs zu sein und umgekehrt.

Auch Gewohnheiten sollten berücksichtigt werden. Ist es für mich in Ordnung, wenn jemand an Bord raucht oder trinkt? Ist man mit der Ernährungsart der meisten anderen Personen einverstanden? Solche

Dinge können auf einem Segelboot auf engem Raum zu einem großen Ärgernis werden, vor allem bei Hochseetörns.

Ich bin einmal auf einem Boot mitgefahren, dessen Crew aus dem Skipper, seiner Frau und drei weiteren Frauen bestand. Es herrschte meist recht gute Laune, aber der Einzige, der das Boot steuern konnte, war der Mann an Bord. Und der Skipper war eines Tages so betrunken, dass er über Bord gefallen ist. Zweimal sind wir deshalb vor Anker gegangen. Wäre diese Situation auf dem Atlantik eingetreten, wäre das Drama vorprogrammiert gewesen.

Eigenschaften des Bootes

Je kleiner eine Yacht ist, desto besser wird man das Segeln lernen, desto sensibler ist das Boot, und desto mehr wird man in alle Abläufe einbezogen sein. Außerdem ist aufgrund des geringeren Platzangebots mehr Einfallsreichtum gefragt, was ein schönes Element des Lebens auf See ist. Auf kleineren Schiffen gibt es gleichzeitig normalerweise auch weniger Arbeit. Je kleiner das Boot ist, desto langsamer kommt es aber auch voran. Kleinere Boote sind häufiger mit netten Leuten besetzt, haben aber auch meist nur Platz für ein oder zwei, vielleicht drei Besatzungsmitglieder.

Kleine Boote können dabei durchaus seetüchtig sein. Zum Beispiel eine kleine Yacht zwischen sieben und elf Metern (20 bis 35 Fuß). Sie sind bereits ein bisschen geräumig, und es macht Spaß, sie zu segeln, und man kann eine Menge auf ihnen lernen. Ab 15 Metern bieten Boote dann mehr Platz und mehr Komfort, haben Raum für mehr Personen und können auch zusätzliche Passagiere aufnehmen.

Seetüchtigkeit

Die Sicherheit einer Yacht ist das wahrscheinlich wichtigste Kriterium, das es zu beurteilen gilt. Dabei stellen sich folgende Fragen:

- Ist das Boot für die geplante Fahrt geeignet und gut ausgerüstet?
- Ist das Boot neu oder erst kürzlich umgerüstet worden?

Letzteres mag verlockend klingen, aber funktioniert auch alles neu Installierte wirklich, und kann der Skipper routiniert damit umgehen?

Ich habe viele Boote kennengelernt, bei denen es zu großen Verspätungen kam, weil neue Geräte nicht funktionierten. Fällt die Wahl auf ein neues oder gerade umgerüstetes Boot, ist garantiert mit einer Verspätung zu rechen. Oder, schlimmer noch, mit Transportschäden und einer damit bedingten völligen Planänderung.

Die Route

Zwei Fragen prägen eine Reise ganz grundsätzlich: Wo geht es los? Und wohin geht die Fahrt? Deshalb sollte man diese Fragen für sich beantworten:

- Startet der Törn von einem Ort, den man gut erreichen kann?
- Geht die Reise zu einem Zielort, von dem aus man gut weiterreisen kann?

Manchmal kann es schwierig sein, die Fortsetzung der eigenen Reise von einem bestimmten Zielort aus zu organisieren. Man kann beispielsweise von einer schönen griechischen Insel zur nächsten segeln und dort von Bord gehen. Aber kann man dort auch bleiben? Und gibt es eine Fähre zum Festland?

Timing

Wann soll das Schiff abfahren? Passt das zu meinem Zeitplan? Man sollte natürlich flexibel sein, da die Schiffe oft nicht nach Plan fahren. Gelassenheit ist sowieso angesagt, da es unwahrscheinlich ist, ein Boot zu finden, das genau dem entspricht, was man sucht. Dennoch sollte man es vermeiden, Wagnisse einzugehen. Deshalb empfehle ich, nicht mit einem Boot aufs Meer rauszufahren, das zum Beispiel seit dem Kauf weniger als 1.000 Seemeilen zurückgelegt hat oder mit einem ganz neuen Boot.

Wenn es sich um ein umgerüstetes Boot handelt, gilt das Gleiche.

Sehnsuchtsrouten und Jahreszeiten

Segelrouten und Zielorte werden auch von den Jahreszeiten bestimmt. Obwohl segeltaugliches Wetter nie garantiert werden kann, wird versucht, große Risiken zu vermeiden, indem die Schiffe zur jeweils bestmöglichen Zeit in See stechen. Um sicher und klug zu segeln, muss man die Jahreszeiten und die Routen auf dem Meer kennen. Sicherheit beginnt mit einem langen, aufmerksamen Blick auf die Seekarte. Wo ist man gerade, und wo will man hin? Wie weit ist die Entfernung, und welche Ziele liegen auf der Route? Welche Häfen gibt es auf der Route, und sind Landesgrenzen zu beachten?

Man sollte sich mit den Wettermustern, den Hurrikansaisons und den lokalen Windphänomenen vertraut machen, um die Möglichkeiten, sicher anzukommen, zu bestimmen. Passatwinde etwa sind der Freund des Seglers. Sie sind verlässliche Windmuster, die das Segeln problemloser und schneller machen können. In den Tropen wehen die Passatwinde in der Regel von Ost nach West, während die vorherrschenden Winde in höheren Breitengraden sich meist von West nach Ost bewegen.

Beliebte Routen bieten meist zuverlässige Winde sowie spannende Ziele und eine gute Infrastruktur für Segler. Der »Coconut Milk Run« im Pazifik ist zum Beispiel sehr beliebt, weil er in der Regel Vorwindsegeln beinhaltet, was bedeutet, dass der Wind von hinten kommt. Auch die »Atlantik-Route« oder die »Karibik-Route« sind aufgrund ihrer beständigen Winde viel befahren. Sogenannte Sehnsuchts-routen.

Hier eine Übersicht zu den Jahreszeiten für beliebte Routen und ein Hinweis darauf, wann und wo man abreisen sollte, um einen Ort zu erreichen:

Mittelmeer
Hauptsaison: April–Oktober
Beste Zeit für die Abreise:
- aus dem Vereinigten Königreich: Juni–September
- ab Suez: September–November
- von USA-Ostküste und von den Azoren: April–August

Nordeuropa
Hauptsaison: Mai–August

Karibik
Hauptsaison: Dezember–April
Hurrikansaison: Juli–November
Beste Zeit für die Abreise:
- aus Brasilien: Januar–März
- aus Panama: Januar–Juni
- aus den USA: Januar–März
- Segeln in der Karibik: Dezember–Mai
- von den Kanarischen Inseln: Oktober–Januar
- aus den USA (Fort Lauderdale und Newport): Oktober–November
- aus dem Mittelmeerraum: Oktober–Dezember
- von den Kanaren: Dezember–Januar

Die Atlantik-Segelrouten

Hunderte von Segelyachten überqueren jedes Jahr den Atlantik. Die meisten Boote fahren über den Nordatlantik von Europa aus in die

Karibik oder nach Südamerika. Einige Schiffe segeln von Afrika aus auf die andere Seite.

Startet man von Nordamerika Richtung Europa gibt es mehrere Routen. Die beliebteste ist der Nordatlantikkreis, der von der Jahreszeit und den Passatwinden bestimmt wird: Die Südroute verläuft von Osten nach Westen und die Nordroute von Westen nach Osten. Eine kleine, aber wachsende Zahl von Yachten unternimmt auch Segeltörns in hohen Breitengraden, wie die Nordwestpassage oder die Überquerung des Südatlantiks von Afrika nach Brasilien.

Südliche Route – von Ost nach West: von Europa in die Karibik

Hauptroute: Mittelmeer und Kanarische Inseln oder von den Kapverden oder Westafrika (Senegal und Gambia) Richtung Karibik oder Südamerika. Hauptsaison: November–Februar.

Die Ost-West-Route ist die einfachste Route für Segler. Mehr als 1.000 Segelboote wählen diese Route jedes Jahr. Die meisten fahren in die Karibik, und nur wenige Boote haben das Ziel Südamerika.

Während der Sommersaison auf der Nordhalbkugel machen sich die Segelschiffe in Europa auf den Weg nach Süden. Die aus Nordeuropa kommenden Schiffe haben das Ziel, den Golf von Biskaya spätestens im September zu passieren. Manchmal machen sie auf dem spanischen und portugiesischen Festland halt, um sich zu versorgen und auf die Überfahrt vorzubereiten. Schiffe, die aus dem Mittelmeerraum kommen, legen meist im September oder Oktober ab, bevor der Herbst einsetzt. Manchmal legen Boote auf der portugiesischen Insel Madeira einen Stopp ein. Fast alle Schiffe fahren in Richtung Süden zu den Kanarischen Inseln, einer zu Spanien gehörenden Inselgruppe im Westen Afrikas.

Die Kanaren sind der letzte Anlaufhafen, bevor die große Reise beginnt. Las Palmas, auf der Insel Gran Canaria, ist der beliebteste Hafen und die Hauptstadt der Inselgruppe. Hier finden Segler Ersatzteile, Werkzeug, Seekarten und Proviant, und was sie benötigen, um gut vorbereitet in See zu stechen. Die Inseln Teneriffa und Lanzarote werden oft als allerletzte Station vor dem Aufbruch in den Atlantik genutzt.

Beim Verlassen der Kanarischen Inseln segeln die Boote oft nach Süden, bis »die Butter schmilzt«, bis zu einem Breitengrad, wo sie die zuverlässigen Passatwinde finden. 20° nördlicher Breite gelten als die sicherste Zone, um nach Westen zu fahren.

Da die Kapverden praktisch auf der Route liegen, unterbrechen einige Skipper den Törn hier noch einmal. Etwa ein Drittel der Passagefahrer macht in diesem Zehn-Insel-Land halt, in der Regel auf der Insel São Vicente. Der kapverdische Inselarchipel liegt etwa 850 Seemeilen südlich der Kanaren und 350 Seemeilen westlich der afrikanischen Küste. Ein Zwischenstopp auf den Kapverden macht die Kanaren–Kapverden-Etappe zu einem schönen Appetithappen vor der Überquerung des Ozeans. Wenn man selbst oder ein anderes Besatzungsmitglied noch nie Hochseesegeln gemacht hat, ist das außerdem ein sehr guter Test. Vor allem kann ein Passagier das Schiff auf den Kapverden noch verlassen, falls die Reise nicht wie erwartet verläuft.

Nur wenige Schiffe steuern Brasilien, Französisch-Guayana oder Surinam an. Boote, die nach Brasilien fahren, stoppen häufiger im Senegal oder in Gambia, bevor sie die Atlantikpassage starten.

Aufgrund der intensiven Passatwinde und der vorherrschenden Meeresströmungen ist eine Umkehr nicht möglich, es sei denn, sie erfolgt innerhalb der ersten ein oder zwei Tage. Wenn man einen Tag nach Westen segelt, kann es durchaus viele Tage dauern, bis man wieder zurück an den Ausgangspunkt gelangt. Da der Wind aus der Sahara kommt und das Boot in warmen Strömungen segelt, wird es angenehm warm. Je weiter man nach Süden kommt, desto höher steigen die Temperaturen. Auf Wiedersehen, Winter, hallo, Sommer.

Nördliche Route (West-Ost): Karibik, Amerika–Europa
Hauptroute: Vereinigte Staaten, manchmal Bermuda, meist Azoren
　Ziel: Zentraleuropa, Mittelmeerraum
　Route weiter im Norden: USA, Kanada

Ziel: Nordeuropa

Hauptsaison: Ende April–Juli

Die Route von Amerika nach Europa ist die abenteuerlichere Passage. Das Wetter ist weniger vorhersehbar als mit dem Passatwind von Ost nach West. Diese Reise ist nicht nur ein Downwinder (mit dem Wind fahren oder auch in die Richtung, in die der Wind weht) wie die Passage von Ost nach West. Auf dieser Route wird wahrscheinlich mehr gesegelt.

Jährlich befahren schätzungsweise weniger als 1.000 Boote diese Passage. Die Zahl der Überquerer ist geringer als bei der Passatroute, da die Boote entweder ihre Reise zum Pazifik fortsetzen, ihre Boote für eine weitere Saison in der Karibik belassen, sie verkaufen oder auf einem Frachtschiff zurück nach Europa transportieren lassen. Entsprechend auch weniger Leute, die eine Besatzung suchen.

Boote aus Nordamerika machen sich ab April auf den Weg nach Europa, um die Karibik vor Beginn der Hurrikansaison zu verlassen. Während der im Allgemeinen hurrikanfreien Zeit in der Karibik (Dezember–Mai) starten Boote, die nach Europa segeln wollen, oft im Süden der Karibik und machen sich dann auf den Weg nach Norden, wo sie Richtung Europa starten. Jene, die nach Europa wollen, stechen meist von einer der Inseln in der nördlichen Karibik in See, insbesondere von den beliebten Segelinseln: Antigua, St. Maarten oder BVI (die Britischen Jungferninseln).

Auf der West-Ost-Route werden häufig Zwischenstopps auf den Bermudas und den Azoren eingelegt. Einige Boote nehmen die Route weit im Norden, da sie wahrscheinlich den zuverlässigsten Wind hat. Entlang Nova Scotia, wenn man Richtung Nordeuropa fahren will. Diese Route führt weit nördlich am Eisberggebiet vorbei. Auch wenn es heutzutage unwahrscheinlich ist, wurden Eisberge sogar südlich der Azoren gesichtet. Größere Yachten mit ausreichender Treibstoffkapazität nehmen oft die weniger vorhersehbare Windroute direkt von St. Maarten oder Antigua. Sie gehen das Risiko ein (dass sie im Azorenhoch meist mit leichten Winden konfrontiert werden) und fahren direkt zu den Azoren. Abgesehen von den Schiffen, die nach Nord-europa fahren und weiter nördlich segeln, lassen nur wenige Yachten die Azoren aus.

Mexiko
Hauptsaison: Januar–März
Hurrikansaison: August–September
Beste Zeit für die Abreise:
aus den USA (Kalifornien): Januar–März, Dezember

USA-Westküste
Hauptsaison: Mai–Oktober
Beste Zeit für die Abreise:
- aus Panama: Januar–April
- von Hawaii aus: Februar–Juni

Südpazifik
Hauptsaison: Mai–Oktober
Hurrikansaison: November–März

Nach Marquesas / Französisch-Polynesien
Beste Zeit für die Abreise:
- aus der Karibik: Januar–April
- von Panama und Costa Rica: Februar–April
- aus Westmexiko: Februar–April
- von Hawaii: März–Juni
- aus den USA (San Diego): Dezember

Gefahr für die Schifffahrt

Die längste Strecke, die Menschen auf der Welt segeln, ist die zu den Marquesasinseln im Südpazifik. Das ist für viele ein Lebenstraum. Doch so cool sich dieses Abenteuer auch anhört, man darf die Pazifik-passage nicht unterschätzen. Es handelt sich dabei nicht um eine kurze

Reise, die man mit wenig Budget meistern kann. Der Pazifik überdeckt fast ein Drittel der Erdoberfläche. Ein Pazifik-Törn erfordert enorme Vorbereitung sowie eine gründliche Recherche nach dem richtigen Boot. Und ein deutlich größeres Budget als bei einer Atlantiküberquerung notwendig.

Nach Fidschi, Vanuatu, Neukaledonien und Tonga
Beste Zeit für die Abreise:
- aus Australien: April–Mai
- aus Neuseeland: April–Juni
- aus dem Südpazifik, Tahiti: April–August

Indischer Ozean
Nordindischer Ozean: Hauptsaison: Dezember–Februar
Hurrikansaison: März–November
Südindischer Ozean: Hauptsaison: April–November
Hurrikansaison: November–April
Beste Zeit für die Abreise:
- aus Südafrika, Kapstadt: Januar–März
- von Durban: April–August
- aus Australien: April–August
- aus Indonesien: April–August
- ab Suez: Februar–April, September–November
- von Singapur: Oktober–Dezember
- aus Thailand: Dezember–März

Südostasien
Hauptsaison: November–April
Hurrikansaison: Juni–Oktober
Beste Zeit für die Abreise:
- von Singapur: Juni–Dezember
- aus Australien: April–Mai
- aus Neuseeland: April–Juni

Man sollte beachten, dass die oben genannten Monate im Allgemeinen die beste Zeit zum Segeln sind. Aber Änderungen in den Wettermustern sind immer möglich.

Ich möchte an dieser Stelle noch ein paar weitere Überlegungen zur Planung weitergeben. Wenn man etwa als Besatzungsmitglied etwas früher als in der vorgeschlagenen Saison mit der Suche beginnt, erhöhen sich die Chancen auf ein passendes Angebot. Es ist außerdem wichtig, nicht nur die allgemeine Segelsaison zu berücksichtigen, sondern auch die spezifischen lokalen Wettermuster. So können El-Niño- und La-Niña-Effekte auch die grundsätzlichen Wettermuster verändern und die Wind- und Strömungsverhältnisse beeinflussen. Wenn man einen bestimmten Ort erreichen möchte, geht es also nicht nur darum, in die richtige Richtung zu segeln.

Kompliziert wird es zum Beispiel, wenn man über den Atlantik in die Karibik gesegelt ist und nach Mittel- oder Südamerika weiterreisen möchte. Die Fahrt von einer beliebigen Karibikinsel nach Mittel- oder Südamerika kann genauso kompliziert und kostspielig werden wie die Überfahrt von Europa auf die andere Seite des Atlantiks. Flüge von der Karibik nach Südamerika sind teuer. Nur wenige Menschen segeln von der Karibik nach Südamerika, weil Strömungen, Winde und die allgemeine Sicherheit kritisch sind. Wer also von Europa nach Südamerika reisen möchte, sollte sich ein Schiff suchen, das den Atlantik mit einem dieser Ziele überquert: Trinidad, Surinam, Guyana oder Brasilien. In der Karibik fahren die Schiffe während der Saison von Grenada nach Kolumbien oder Panama. Gegen Ende der Saison (März–Mai), wenn die atlantische Hurrikansaison naht, fahren mehr Boote von allen Inseln, aber vor allem von den karibischen Hafenzentren, in Richtung der ABC-Inseln, Kolumbien und Panama.

Inspiration

»Sich zu bewegen, zu atmen, zu fliegen, zu schweben; alles zu gewinnen, während man alles gibt; die Straßen ferner Länder zu durchstreifen;

zu reisen heißt zu leben«, so resümierte einst der dänische Schriftsteller Hans Christian Andersen.

Man kann lesen, recherchieren, Filme ansehen und durch seinen Feed scrollen, aber die einzige Möglichkeit, einen Ort wirklich kennenzulernen, ist, ihn selbst zu erleben. Jeder erlebt einen Ort anders. Ich bin in 30 verschiedene Ländern gesegelt, auf allen Kontinenten, aber hauptsächlich in Europa und der Karibik.

Einige meiner bevorzugten Segelreviere: die Türkei, wegen des kristallklaren Wassers, des Essens und der Freundlichkeit der Menschen. Tonga wegen der paradiesischen Inseln, der authentischen Kultur und der Unterwasserlandschaft. Thailand und Malaysia wegen der Inseln und des Essens (ich liebe Kokosnüsse). Die Karibik wegen ihrer geografischen Lage (und auch wegen der Kokosnüsse). Die Äolischen Inseln in Italien wegen ihres vulkanischen Ursprungs und ihrer spektakulären Aktivität über und unterhalb der Wasseroberfläche sowie wegen des Essens. Kroatien, weil es flaches Wasser und Dutzende von Inseln besitzt, zwischen denen man navigieren muss. Makaronesien (Azoren, Madeira und die Kanarischen Inseln), weil es sich hervorragend fürs Hochseesegeln zwischen spektakulären Inseln eignet, ohne einen Ozean überqueren zu müssen, und für epische Wanderungen. Das Ionische Meer in Griechenland wegen des flachen Wassers, des leckeren Essens und des Kitesurfens. Und ganz viele weitere kleine nahezu unbekannte Orte. Da ich viel in der Karibik und in Europa gesegelt bin, habe ich über diese beiden traumhaften Segelreviere ein wenig mehr zu erzählen.

Die Karibik

Vor meiner ersten Atlantiküberquerung hatte ich keine Ahnung von der Karibik. Ich war neugierig und wollte unbedingt mehr über das vielversprechende Paradies erfahren. Jetzt habe ich vier Winter lang diese tropische Region der Erde erkundet.

Die Karibik mit ihren zahlreichen authentischen und einzigartigen Inselnationen verlangt nach Zeit zum Entdecken. Jede Insel verdient

Wochen, wenn nicht Monate der Erkundung. Von Tobago im Süden bis zur Dominikanischen Republik im Norden sind die Inseln mit tropischen Regenwäldern und farbenfrohen Gebäuden gesegnet, und unter der Wasseroberfläche ist es ebenso malerisch.

Das gesamte Leben spielt sich unter freiem Himmel ab – wirklich ausschließlich unter freiem Himmel. Die Karibik ist voller Charaktere. Es sind diese Menschen, die den Zauber dieser karibischen Welt ausmachen. Jeder ist jederzeit bereit, stehen zu bleiben und einen Plausch zu halten. Die Menschen sind freundlich, und sie sind wirklich lustig, jeder hat eine besondere Persönlichkeit. Der Lebensrhythmus ist langsam und überschaubar. Die Menschen verkaufen Fisch, Kokosnüsse, Brot und Früchte auf Booten in den Ankerbuchten oder an Land in der Nähe der Straßen. Aus den Lautsprechern dröhnt unentwegt Reggae, Soca- und Calypso-Musik. Ob es sich um ein Haus, eine Bar oder einen Supermarkt handelt, weiß man erst, wenn man reingeht. Manchmal ist es einfach auch alles gleichzeitig.

Das Bild, das man von der Karibik im Kopf hat, wird sich allerdings nur teilweise bestätigen. Wenn man erst einmal angekommen und von Bord gegangen ist, hält die Erkundung der Gegend viele Überraschungen bereit.

Man springt nur Sekunden nach dem Aufwachen in warmes, türkisfarbenes Wasser. Man isst eine frisch geschnittene Papaya zum Frühstück, hat eine konstante Brise von 15 bis 20 Knoten, wenn man zur nächsten Insel segelt oder einen Hügel hochwandert, um die Aussicht zu genießen.

Oder man klettert einfach mal auf eine Palme, um eine Kokosnuss zu pflücken oder genießt den Sonnenuntergang mit einem Rum-Punsch und einem grünen Blitz am Horizont. Und inmitten dieser abendlichen Biolumineszenz kann man seine Schwimmkünste verbessern, während der Sternenhimmel Erinnerungen an all die Nächte auf See wachruft.

Viele Segler verbringen Monate damit, die karibische Inselkette windwärts und leewärts zu erkunden. Mit der von Norden nach

Süden verlaufenden Inselkette, türkisfarbenem Wasser und Tausenden von Inseln, Buchten und Meeresarmen sind die Segelbedingungen perfekt.

Die Karibik ist ein großartiger Ort für ein erstes Segelabenteuer. Die Meere sind in der Regel ruhig und zugleich vielseitige Segelreviere mit 100 möglichen Routen.

Meine persönliche Lieblingsinsel: Dominica, auch Kubuli-Land genannt, ist ein Naturparadies! Dominica liegt in der östlichen Karibik, zwischen Martinique und Guadeloupe. Es ist klein, abgelegen und hat nicht viele Flugverbindungen. Die beste Art, Dominica zu erreichen, ist mit dem Segelboot. Auf diese Weise bin ich mehrmals dorthin gelangt. Nach einigen Monaten auf See ist eine Erkundungstour durch Dominica die beste Möglichkeit, wieder Boden unter die Füße zu bekommen, gesund zu werden sowie Kultur und Natur zu erleben. Meine Neugier und mein Verlangen nach frischem Obst und Gemüse nach der Atlantiküberquerung ließen mich 2017 für etwa zwei Monate hier an Land gehen – und bleiben. 2023 dann erneut. Es ist meine Lieblingsinsel in der Karibik, mit Abstand.

Dominica ist ein perfektes Abenteuerreiseziel zum Freitauchen, für Ausflüge abseits der ausgetretenen Pfade, zum Wandern, für gesundes Essen, für Besuche von Wasserfällen und heißen Quellen und zum Erkunden der Natur. Die fruchtbaren Böden bringen viele interessante Lebensmittel hervor, wie Bananen, Papaya, Avocado, Noni, Guave, Brotfrucht, Mandeln und Kokosnüsse sowie Gewürze wie Ingwer, Kurkuma, Kakao, Muskatnuss und Zimt.

Dominica ist einfach atemberaubend, sowohl über Wasser als auch darunter. Ich schreibe dies, während ich mir einen Tee zubereite aus Zitronengras, das ich in Dominica gepflückt und getrocknet habe, und Gewürzen, die ich aus dem Land exportiert habe.

Die beste Art, Dominica zu entdecken: eine Wanderung von Süden nach Norden auf dem Waitukubuli, dem nationalen Wanderweg. Ich bin die gesamte 180 Kilometer lange Strecke vor einem Jahr gewandert. Man kann einen Film darüber auf meinem YouTube-Kanal sehen, sein Titel lautet: 12 Tage zu Fuß.

Auf dem Atlantischen Ozean.

Für viele ist Segeln auf dem Meer das ersehnte Ziel. Dabei ist Segeln auf dem Atlantik ein wirklich machbares Abenteuer.

Das Wort »Atlantik« kommt vom Griechischen »Atlantikos«, es bedeutet »Meer des Atlas«. Der Atlantik ist der zweitgrößte Ozean der Erde, nur der Stille Ozean, der Pazifik, ist noch größer. Der Atlantik bedeckt etwa 20 Prozent der Erdoberfläche.

Christoph Kolumbus wird oft nachgesagt, dass er als Erster den Atlantik überquert habe und dabei Amerika entdeckte. Er entdeckte tatsächlich Land, glaubte aber bis zu seinem Tod, dass er sich in Indien befand. Dabei war Kolumbus nicht der erste Europäer, der dieses Gebiet erreichte. Wie in den isländischen Sagen aus dem 10. Jahrhundert beschrieben, landete der Wikinger Leif Erikson um das Jahr 1000 während einer Expedition von Island aus an der nordamerikanischen Atlantikküste, also fast fünf Jahrhunderte vor Kolumbus' Ankunft 1492.

In der zweiten Hälfte des 19. Jahrhunderts folgten immer mehr Atlantiküberquerungen, vor allem mit größeren und luxuriöseren Segelyachten. Heute ist die Überquerung des Ozeans eine immer beliebtere Passage für Abenteuerreisende und mit modernen, gut ausgerüsteten Booten sicherer und praktikabler als jemals zuvor. Die Herausforderung der atlantischen Ozeanpassage steht mittlerweile jedem offen, der bereit ist, den Sprung zu wagen.

Partnersuche, die richtige Crew finden

»Glück ist das, was passiert, wenn Vorbereitung auf Gelegenheit trifft.«
Der kluge Seneca, jener römische Schriftsteller und Philosoph, hat vielleicht auch mal eine Mitsegelgelegenheit gesucht und wusste daher, was zu tun ist, um erfolgreich zu sein bei der Suche nach dem richtigen Boot und der passenden Crew.

Die drei gängigsten Methoden, ein Boot zu finden, sind Verbindungen über Internetplattformen, persönliche Kontakte im Hafen oder Empfehlungen aus dem eigenen Netzwerk. Es gibt keinen festen besten Ansatz. Es hängt alles davon ab, welche Art von Erfahrung man wünscht. Und es braucht Glück.

Um die Chancen zu erhöhen, ein passendes Boot zu finden, sollte man so viele Leinen wie möglich auswerfen. Dabei kann man verschiedene Ansätze versuchen. Allerdings sollte man sich nicht verheddern, indem man sich an mehrere Boote bindet.

Eigenes Netzwerk

Boote suchen in der Regel zuerst in ihrem Netzwerk nach Besatzung. Wenn sie die Fähigkeiten oder die Verfügbarkeit bei Bekannten nicht finden, suchen sie weiter via Internet oder direkt im Hafen. Vielleicht kennt man bereits einige Seeleute, oder vielleicht hat man bereits Skipper unter seinen Freunden. Man sollte die Nachricht über die eigene

	Pro	Kontra
Eigenes Netzwerk	• Besatzung mit persönlichen Referenzen gegenüber völlig Fremden bevorzugen.	• Geringere Chance, ein Boot über Referenzen zu finden, wenn man Neuling ist in der Segelwelt.
Via Internet	• Man kann mit Skippern weltweit in Kontakt treten. • Man kann im Voraus suchen. • Man kann sein Profil sorgfältig gestalten.	• Schwer herauszufinden, ob man miteinander auskommen wird. • Schwierig zu beurteilen, ob Erfahrungen der Crew und der Zustand des Bootes wirklich den Angaben entsprechen.
Im Hafen	• Man kann ein Boot in letzter Minute finden. • Mögliche Übereinstimmungen mit Skipper und Crew sind leichter spürbar. • Leichtere Identifizierung des Zustands des Bootes. • Spaß.	• In letzter Minute hat man weniger Zeit für eine gründliche Recherche. • Man findet nur wenige Boote, die die gewünschte Überfahrt machen. • Zeitintensiv.

Mission in jedem Fall verbreiten und die Macht der sozialen Medien klug nutzen. Einfach einmischen in das Netzwerk der *Ocean Nomads* und Freunde fragen, ob sie irgendwelche Tipps, Links oder Verbindungen haben. Vielleicht haben sie welche, vielleicht auch nicht, aber sie werden einen im Hinterkopf behalten, wenn sie von irgendwelchen Möglichkeiten hören oder lesen.

Das Internet

Die heutige Technologie ermöglicht es, uns über Besatzungspositionen zu informieren und mit Skippern auf der ganzen Welt in Kontakt zu treten. Wer ein absoluter Neuling ist, wie ich es war, sollte zunächst einige Zeit im Internet verbringen, die Blogs von Seglern, Skippern und Crewmitgliedern lesen und Crew-Websites besuchen. So bekommt man eine bessere Vorstellung davon, worum es bei Segelabenteuern geht, wer eine Crew sucht, welche Art von Booten es gibt und wonach sie suchen. Über die Möglichkeiten des World Wide Web kann ich nur sagen: Die Kanäle und Plattformen werden mit den richtigen Absichten eingerichtet. Da kann man sich sicher sein. Dennoch sollte es einem bewusst sein, dass es Leute gibt, die die Plattformen für ihre Zwecke missbrauchen.

Das Internet ist auch ein Ort der Betrügereien. Deshalb sollte man vorsichtig sein, wie und mit wem man in Kontakt tritt und persönliche Daten austauscht. Besonders aufpassen sollte man, wenn kein Profilfoto des Skippers vorhanden ist, wenn nur wenige Informationen gegeben werden, wenn nur weibliches Personal berücksichtigt wird, wenn die Skipper sofort nach der E-Mail-Adresse fragen und wenn eigene Fragen nicht wirklich offen beantwortet werden.

Einige Unternehmer haben Websites eingerichtet, um die Vermittlung von Schiffen an potenzielle Besatzungsmitglieder und umgekehrt zu erleichtern. Es gibt zahlreiche Websites für Besatzungen. Sie alle verfügen über Suchmaschinen und Auswahlkriterien, um einen potenziellen Partner zu finden.

Es lohnt sich auch, in Diskussionsforen und auf Regatta-Websites nachzuschauen, wo oft Themen zu Besatzung gefunden werden können. Es gibt zudem Dutzende von Facebook-Gruppen, die sich mit dem Thema Besatzung befassen, und es kommen ständig neue hinzu. Außerdem gibt es Apps und Communities, in denen man sein Glück versuchen kann.

Da sich das Internet schnell verändert, findet man unter ocean-nomads.co/resources die neuesten empfohlenen Online-Tools und Apps für die Crew-Suche.

Zudem lohnt es sich, die AIS-Plattformen zu überprüfen, um zu sehen, welche Segelboote sich in der Region befinden. Vielleicht haben diese einen Blog oder einen Social-Media-Kanal. Zudem ist es sinnvoll, Booten zu folgen, die eine Website, einen YouTube-Kanal, einen Instagram-Feed oder eine Facebook-Seite haben. Diesen Booten folgen auch viele andere gleichgesinnte Segler. Einfach die Kommentare lesen, selbst eine Nachricht hinterlassen und sich austauschen. Vielleicht stößt man dabei auf ein Boot, das den eigenen Interessen entspricht.

Hilfreich ist es auch, in den sozialen Medien nach Stichworten wie »Mitsegelgelegenheit«, »Segel-Crew«, »Crew gesucht« zu suchen. Oder eine ortsbezogene Suche nach verschiedenen Häfen durchzuführen, auch nach solchen, die vor der nächsten Fahrt, die man antreten möchte, angelaufen werden könnten. In den sozialen Medien ist es einfach, über einen Kommentar oder eine Direktnachricht Kontakt aufzunehmen.

Wer im Netz unterwegs ist, sollte die Glaubwürdigkeit und Vertrauenswürdigkeit von Crew-wanted-Inseraten recherchieren, um sicherzustellen, dass man es nicht mit Betrügern oder anderen Absichten als dem Crewing zu tun hat. Bevor man hier Gewissheit hat, sollte man kein Flugticket buchen.

Häfen

Ein Hafenrundgang ist der direkteste Weg, um Skipper zu treffen und Boote zu finden, egal, ob die Saison bereits begonnen hat oder man einfach nur neugierig ist. Auch wenn man vielleicht auf weniger potenzielle Boote stößt als im Internet, kann man bei einem Hafenrundgang schneller herausfinden, ob es geeignete Möglichkeiten gibt. Das Herumschlendern in den Häfen, um einen Platz als Crew zu finden, ist definitiv ein Teil des Spaßes. Hier trifft man auf Gleichgesinnte, die die Liebe zum Meer teilen, die gleichen Träume haben, die gleiche Denkweise und den gleichen nomadischen Lebensstil.

Bevor es das Internet gab, war der Gang zum Hafen im Grunde die einzige Möglichkeit für Schiffe, eine Mannschaft zu finden. Noch immer kann es vorkommen, dass Skipper im letzten Moment eine Mannschaft suchen, weil frühere Absprachen nicht geklappt haben. Oder sie stellen nach der Passage, zum Beispiel zu den Kanarischen Inseln, fest, dass ein zusätzliches Besatzungsmitglied für die nächste große Passage nützlich sein könnte. Viele Skipper wissen auch, dass sie auf dem Hafengelände eine Besatzung finden können, und gehen oft nicht online auf die Suche nach ihrem nächsten Besatzungsmitglied.

Finde Freunde

Wenn man ein Boot mit Sonnenkollektoren, einem Windgenerator, Kanistern oder zwei Vorstagen sieht, dann handelt es sich wahrscheinlich um ein Wohnboot. Die Eigner werden nicht wissen, dass man vielleicht ein Boot zum Segeln sucht. Man muss also wahrgenommen werden, man muss deshalb rausgehen und Leute treffen. Natürlich wird nicht jeder, den man trifft, die Crew willkommen heißen, aber vielleicht hat er einen Freund, der es tut.

» Wer vor seiner Tür steht,
hat den schwersten Teil seiner Reise bereits hinter sich.«
Niederländisches Sprichwort

Man kann sich entweder zu den beliebtesten Orten begeben, von denen aus Schiffe zu bestimmten Passagen aufbrechen, oder einen Hafen oder eine Bucht aufsuchen, in denen Schiffe erste Vorbereitungen treffen oder auf dem Weg zu ihrem letzten Auslaufhafen sind, bevor sie einen Ozean befahren. Auch kleinere Häfen sind einen Besuch wert. Die größeren Yachthäfen können teuer und überfüllt sein. Manche Boote ziehen es vor, ihre Vorbereitungen an einem anderen Ort abseits des Gewimmels zu treffen. Dort gibt es weniger Boote und weniger Menschen, die nach einem Boot suchen. Man kann sich mithilfe klassischer Papierkarten, Landkarten, Online-Karten, Tools und Apps über Häfen informieren.

Ich war einmal zum Kaffee auf einem Schiff eingeladen, das bald über den Atlantik segeln wollte und noch ein Besatzungsmitglied suchte. Ich bin immer neugierig auf das Innere des Schiffes und darauf, wie die echten Seeleute ihr Schiff zu ihrem Zuhause gemacht haben. Während ich am Kaffee nippte und mich umsah, um die Details dieses Schiffes zu scannen, sah ich eine kleine Kakerlake in der Ecke herumkrabbeln.

Und dann sah ich noch eine und noch eine, plötzlich sah ich sie überall. Wenn man einmal eine Kakerlake auf einem Boot hat, ist es schwierig, sie wieder loszuwerden. Sie legen Eier und vermehren sich enorm. Man möchte den Atlantik nicht in einem Kakerlakenzoo überqueren. Nach dem Kaffee bin ich gegangen und habe meine Kleidung pedantisch überprüft, um sicherzugehen, dass ich die Insekten nicht auf ein anderes Schiff mitnehme.

In Kontakt kommen

Viele Segler mögen die Hafen-Bar. Sie ist oft das Erste, was sie aufsuchen, wenn sie an Land kommen, entweder um Geschichten auszutauschen, einen Kaffee trinken oder einen Drink zu nehmen oder um ins Internet zu gehen. In Marinas gibt es normalerweise mindestens eine Kneipe. Ein wenig plaudern, lose Freundschaften schließen. Das Meer kann einsam sein, und in einer Bar lernt man oft Leute kennen. Ein besonderer Tipp: Man macht sich eine Mütze oder ein T-Shirt mit der Aufschrift *Crew Available* oder *Sail Adventure Wanted.*

Beim Zoll

Wenn Skipper an einem neuen Ort ankommen, müssen sie bürokratische Verfahren durchlaufen. An der Küste gibt es in der Regel einige Ein- und Ausreisepunkte, sodass an diesen Orten die Chance groß ist, Skipper zu treffen. Diese Chance erhöht sich in Zollämtern und Hafenbüros, vor allem in der Stunde, bevor das Büro öffnet. Diejenigen, die am Vorabend oder in der Nacht reingekommen sind, warten oft darauf, dass das Büro öffnet. Das ist der richtige Zeitpunkt für ein Gespräch mit einem gelangweilten Skipper.

Im Hafenbecken

Ich empfehle, neugierig und mutig um das Dock herumzuwandern, nur so kann man sehen, was los ist. Vielleicht hat man Glück und wird auf einen Kaffee eingeladen und trifft statt auf Kakerlaken auf nette Menschen, die noch eine Hand an Deck benötigen.

Auch die Tankstelle ist ein strategisch guter Punkt, um sein Boot zu finden. Boote tanken oft zuerst, bevor sie im Hafen anlegen oder in der Bucht um die Ecke vor Anker gehen. Am besten das Schiff mit einem Lächeln begrüßen. Ein herzlicher Empfang wird immer geschätzt, wenn man irgendwo einläuft.

Ein besonderer Tipp: Wer sich ein Stand-up-Paddleboard oder ein Schlauchboot leiht und damit im Hafen oder in der Bucht herumpaddelt, kommt leichter mit Seglern ins Gespräch.

Teilnahme an einer Regatta

Ratsam ist es, sich im Hafen aufzuhalten, wenn dort eine Segelregatta oder ein Fest stattfindet. Das ist eine großartige Gelegenheit, um eine Mitfahrgelegenheit zu finden. Wöchentliche Veranstaltungen in der Stadt können ebenfalls eine gute Möglichkeit sein, Segler zu treffen, während sie sich in geselliger Runde befinden. Hier haben die Skipper und die Crew mehr Zeit, sich mit einem zu unterhalten, da sie nicht mit ihren unzähligen Aufgaben an Bord beschäftigt sind.

Poster als Eigenwerbung

Wichtig ist es, auf sich aufmerksam zu machen, zum Beispiel indem man ein farbenfrohes Plakat von sich an Pinnwände in Hafennähe aufhängt: in der Bar, in der Wäscherei, im Hafenbüro, in der Bäckerei, im Ausrüsterladen, am Stegtor, an der Duschtür und an jedem anderen strategischen Ort, an dem Segler vorbeikommen könnten. Das ist gezielte Last-Minute-Werbung. Am besten seine Werbung während der Happy Hour in der Bar schalten. Das macht die Leute neugierig, und man hat sofort ein Gesicht mit der Anzeige. Man sollte dabei ein Foto, eine Telefonnummer, eine E-Mail-Adresse und das Datum der Schaltung mit angeben. Und immer das Datum aktualisieren, damit die Eigenwerbung aktuell bleibt und daran denken, sie zu entfernen, wenn man was gefunden hat. Das hält das System am Laufen.

Funknetze

Man sollte das UKW-Funkgerät benutzen. Viele Häfen haben einen eigenen Funkkanal, der oft als *Netz* bezeichnet wird und auf dem Dinge wie das örtliche Wetter, die Veranstaltung am Abend, zu verkaufende Gegenstände und gesuchte Besatzungen unter den Bootsleuten kommuniziert werden.

Hier kann man einen eigenen Beitrag vorbereiten. Man sollte es kurz und bündig machen, sagen, wer man ist, woher man kommt, was man sucht und welche Fähigkeiten und Erfahrungen man einbringen kann. Wenn jemand interessiert ist, wechselt man auf einen anderen Kanal, um unter vier Augen zu sprechen.

Beim ersten Versuch nicht gleich aufgeben, denn ständig laufen Boote ein. Ach ja: Man muss sich mit einem Bootsbesitzer oder Hafenarbeiter anfreunden, um an ein Funkgerät zu kommen, aber das klappt eigentlich immer ganz gut.

Das eigene Profil

Wenn man Neuling in der Welt des Segelns ist, mit wenig oder gar keiner Erfahrung, was kann man da in das eigene Online-Profil oder auf sein Hafenplakat schreiben, um sich von der Masse abzuheben?

Man sollte in jedem Fall deutlich machen, wer man ist. Was macht einen einzigartig, und welche Fähigkeit kann man einbringen? Welche Hobbys und Interessen hat man, welche Stärken, welche Träume? Warum möchte man segeln und wie viel Segelerfahrung besitzt man?

Neben diesen Angaben sind Referenzen sinnvoll, wie auch ein Action-Foto und ein Link zur eigenen Website oder Social-Media-Kanal, wo potenzielle Skipper mehr über dich erfahren können.

Keine Segelerfahrung? Kein Problem!

Man muss sich keine Sorgen machen, wenn man keine Segelerfahrung hat. Ein zusätzliches Paar Hände ist bei einer Seepassage häufig willkommen, aber auch jemand, mit dem es Spaß macht, sich zu unterhalten. Segelerfahrung ist wünschenswert, aber für eine Seereise sind eine positive Einstellung, ein ausgeprägtes Verantwortungsbewusstsein, eine ausgeglichene Persönlichkeit, eine proaktive Haltung und Freundlichkeit sehr von Vorteil.

Bei einer Segelreise geht es mehr um Seemannschaft als ums Segeln. Bei der Seemannschaft geht es darum, Dinge zu reparieren, Probleme zu lösen, erfinderisch und geschickt zu sein sowie ein gutes Teammitglied. Man sollte deshalb seinen Enthusiasmus, seine Geschichte und alle anderen Fähigkeiten und nützlichen Eigenschaften, die man hat, hervorheben. Das kann viel wertvoller und interessanter sein als ein erfahrener Seemann, der sich durch negativere Eigenschaften auszeichnet.

Natürlich ist Segelerfahrung gut, vor allem für längere und küstennahe Passagen. Aber oft freuen sich Skipper auch über eine neue Crew und neue Energie. Die meisten Skipper sind gern bereit, Wissen weiterzugeben.

Mit Sicherheit hat jeder Kenntnisse oder Stärken, die er einbringen kann. Hier ein paar Beispiele, die positiv gesehen werden: Sprachen,

Babysitting, Kochen, IT-Wissen und Ortskenntnisse, Fitness, Angeln, Schreiben, Fotografie, Nähen, Malen, Mastklettern, Massage, Schreinern, Backen, Klempnern.

Zudem stehen bestimmte Berufe bei Kapitänen hoch im Kurs: Fischer, Ernährungsberater, Meteorologe, Sportlehrer, (Frei-)Taucher, Kitesurfer, Yogalehrer, Pilateslehrer, Mechaniker, Informatiker, Elektrotechniker, KFZ-Mechaniker sowie Ärzte und Pflegekräfte. Vorteilhaft ist außerdem, Geschichten erzählen zu können, Websites zu erstellen, Dinge reparieren zu können oder einfach Knoten machen zu können. Positiv fällt auch auf, wer Erste Hilfe leisten kann und nicht zur Seekrankheit neigt.

Lizenzen

Wie wichtig sind Segelqualifikationen? Das hängt ein bisschen davon ab, was man will. Ich bin auf den Weltmeeren gesegelt, habe die Karibik und das Mittelmeer durchquert, ohne irgendwelche Segelqualifikationen vorweisen zu können, also keine Führerscheine. Wenn man das Leben auf einem Segelboot erleben will, braucht man keine Papiere, die einem bescheinigen, dass man segeln kann oder über bestimmte Fähigkeiten verfügt. Man lernt, indem man es tut, und kann bleiben, indem man es zeigt. Wenn man jedoch seine Erfolgschancen erhöhen möchte und ein gewisses Budget für einen Segelkurs oder ein Zertifikat zur Verfügung hat, schadet das nicht.

Welche Lizenzen man benötigt, um mit der Arbeit auf Schiffen beginnen zu können, hängt auch sehr davon ab, in welchem Staat das Schiff registriert ist. Ich zum Beispiel habe den *Yachtmaster Offshore* und das *STCW*, aber mit diesen Papieren darf ich nicht auf einem niederländischen Schiff fahren, für das braucht man andere Papiere. Oft gibt es keine Möglichkeit der Umschreibung. Der Hauptnutzen einer Lizenz ist aber häufig, dass man etwas vorweisen kann, um Boote zu mieten.

Wache halten an Bord, irgendwo zwischen der Karibik und den Azoren.

Fantastischer Sonnenaufgang mitten auf dem Atlantik.

Mitfahrgelegenheit in Malaysia gesucht!

Abtauchen und die Wasserwelt in Indonesien erkunden.

Segeln von Ost nach West in Griechenland auf einem klassischen Schooner.

Proviant für die Atlantiküberquerung.

Segeln durch die Straße von Gibraltar in den Atlantischen Ozean.

Selbst geerntete »Superkraft« in Dominica (Karibik).

Keine Angst vor Höhe: Das Klettern in den Mast gehört für Crewmitglieder dazu.

Segeln bei Sonnenuntergang nach Grenada.

Weniger ist mehr:
Beim Gebäck
sollte man sich auf
das Wesentliche
konzentrieren.

Traumhafter Arbeits-
platz: Am Strand
von Carriacou
schreibt Suzanne
einen Teil ihres
Buches.

Die Atlantic Rally for Cruisers (ARC) vor Las Palmas.

Segeln auf der am
Strand gebauten
Carriacou-Holz-
schaluppe Genesis
in Antigua.

Abenteuer-Kumpel
Wingo: Er liebt den
Ozean genauso sehr
wie Suzanne.

Fünfte Atlantiküber-
querung – Land
gesichtet!

Mit der Mission
Atlantis und den
Ocean Nomads nach
der Umsegelung des
Cabo Sao Vicente in
Portugal.

Kapverden: Nach dem Segeln geht`s zum Kitesurfen.

Unterwasserzauber in Dominica (Karibik).

Magische Unterwasser-
welten in Thailand.

Segeln mit Hund

Seit einigen Jahren habe ich einen Hund, Wingo. Ich bin mit ihm auf fünf verschiedenen Booten als Crew gesegelt und habe zahlreiche weitere Einladungen erhalten. Es ist machbar. Und es macht eine Menge Spaß. Wir haben es zusammen sogar bis ins portugiesische Fernsehen geschafft. Das Segeln mit Fellnasenfreunden kann eine unglaubliche Erfahrung sein und die Zeit an Bord für alle bereichern. Es ist wichtig, ein paar zusätzliche Dinge zu beachten, bevor man seinen Hund mit auf ein fremdes Boot bringt.

Zuallererst muss man sicherstellen, dass der Hund sich beim Segeln wohlfühlt. Jeder Hund ist anders, und nicht alle Hunde mögen enge Räume und bewegtes Wasser. Man sollte seinen Hund deshalb zunächst auf einen kürzeren Segeltörn mitnehmen, um zu sehen, ob es ihm auf dem Wasser gefällt.

Ich habe mit Wingo Hochsee- und Übernachtungstouren unternommen, Das hat er ganz gut gemeistert, aber ich habe auch gelernt, dass ich ihm damit wahrscheinlich keinen Gefallen tue. Mein Hund ist ein Schäferhund, und er muss Auslauf haben. Solange ich also nicht auf einem Boot von beträchtlicher Größe bin, werde ich ihm keine langen Segeltouren zumuten.

Vergewissern sollte man sich auch, dass es auf der Reise genügend Möglichkeiten gibt, mit dem Hund an Land zu gehen, damit er sein Geschäft verrichten kann.

Man muss außerdem sicherstellen, dass alle Besatzungsmitglieder damit einverstanden sind und dass niemand Allergien oder andere Probleme mit Hunden hat. Wenn der Skipper damit einverstanden ist, dass man seinen Hund mitnimmt, sollte man auch fragen, ob der Hund unter Deck sein darf oder nur im Cockpit an Deck erlaubt ist.

Außerdem muss man für die Sicherheit seines Hundes auf dem Boot sorgen. Man muss eine Schwimmweste haben und darauf achten, dass der Hund abgesichert ist. Auch sollte man sicherstellen, dass der Hund alle erforderlichen Papiere und Impfnachweise hat, wenn Landesgrenzen überschritten werden. Ein Tollwuttest ist grundsätzlich erforderlich. Und:

Ist am Zielort ein Tierarzt verfügbar? Und was unternimmt man, wenn der Hund krank wird oder über Bord fällt? Für Notsituationen sollte man immer einen Notfallplan parat haben.

Ein Boot zu finden, auf dem man mit seinem Hund segeln kann, ist nicht immer leicht, unmöglich ist es aber nicht. Man muss recherchieren und bei seiner Auswahl sicherstellen, dass das Boot für einen selbst und den Hund geeignet ist. Hat man schließlich ein Boot gefunden, ist es wirklich fantastisch, mit einem Hund zu segeln.

Sicherheit und Glücklichsein

Ich hatte den Traum, den Atlantik zu überqueren. Und ich dachte mir, wenn es mir gelingt, den Atlantik zu überqueren und ich das Segeln dann immer noch liebe, dann werde ich meinen Traum verfolgen, überall auf dem Globus zu segeln. Also fing ich an, mich auf verschiedenen Crew-Websites anzumelden und fand schnell ein tolles Angebot. Es ging um Nachhaltigkeit und verschiedene Nationalitäten als Besatzung. Das klang optimal.

Ich habe mich an den Skipper gewandt und hatte ein Videotelefonat mit ihm, und ich weiß noch, wie ich meinem Freund sagte: »Ich glaube, ich habe ein Boot gefunden.« Es fühlte sich ein bisschen surreal an, dass es so schnell geklappt hatte. Alles klang perfekt. Und nicht nur das, ich konnte auch umgehend starten.

Alarm! Die erste rote Fahne. Lektion Nummer eins: Wenn es zu gut klingt, um wahr zu sein, ist es das wahrscheinlich auch.

Die Zeit war gekommen; ich packte meine Koffer, buchte einen Flug, stieg ins Flugzeug, und schon war ich auf Teneriffa, bereit, den Atlantik zu überqueren. Der Plan war, zuerst ein paar Tage rund um die Kanarischen Inseln zu segeln, ein paar letzte Vorbereitungen zu treffen und dann raus auf den Atlantik. Ich dachte mir: »Großartig, so können wir uns gegenseitig und das Boot kennenlernen und uns gemeinsam als Crew vorbereiten.« Um es kurz zu machen: Es war zu schön, um wahr zu sein, und zum Glück fand ich das heraus, bevor wir die Segel Richtung Amerika setzten.

Es war eine Anhäufung von vielen verschiedenen Situationen, Gedanken, Gefühlen und Erkenntnissen, die mir Sorgen machten, mit diesem Boot loszusegeln. Zu viele seltsame Dinge lagen in der Luft. Ich bin froh, dass ich schließlich trotz meines Traums vom Atlantik auf die Zweifel gehört habe und meiner Intuition gefolgt bin.

Die wichtigste Botschaft an dieser Stelle ist die, dass man auf sein Bauchgefühl hören sollte. Wenn sich etwas nicht richtig anfühlt, dann heißt das: Nein.

Auf See gibt es zu viele Risiken und Variablen, auf die man keinen Einfluss hat. Ich habe zu viele Geschichten von Leuten gehört, deren erster oder zweiter Törn wirklich schlecht war und die anschließend nie wieder lossegeln wollen. Und das ist traurig, denn wenn alles gut läuft und man Glück hat, ist es ein wundervolles Erlebnis, auf dem Meer zu sein.

Deshalb sollte man sich von den negativen Erfahrungen anderer nicht nervös machen lassen, man sollte halt nur ein Angebot nicht zu schnell annehmen und schon gar nicht aus Verzweiflung.

Sich mit den Themen Sicherheit und Glücklichsein auseinanderzusetzen, ist unverzichtbar, wenn man den Plan hat, als Crew zu segeln. Man hat ein Boot gefunden, mit dem man segeln möchte. Das ist bereits ein großer erster Schritt. Woher aber weiß man, ob dieses Boot und der Skipper die richtige Wahl für einen sind? Jetzt ist es an der Zeit, den Forscherhut aufzusetzen, zu recherchieren und die Situation zu bewerten. Man sollte so viel wie möglich über den Skipper, die Mannschaft und das Boot in Erfahrung bringen, bevor man sich festlegt. Das ist wirklich von entscheidender Bedeutung, denn sobald man in See sticht, ist man allein mit diesen Menschen an Bord. Und es ist nicht ungewöhnlich, dass etwas passiert. Hier kann das Ausmaß an Informationen, die man über den Skipper, die Mannschaft und das Boot eingeholt hat, den Unterschied ausmachen. Denn die richtige Einschätzung der Stärken und Schwächen der Mannschaft und des Bootes wirkt sich positiv auf die eigenen Segelkenntnisse aus. Deshalb empfehle ich hier, den Hut des kritischen Denkens aufzusetzen.

Rote Fahnen

- Fahrten mit Alkoholkonsum an Bord sollten vermieden werden.
- Vorsicht ist geboten, wenn man mit neuen oder kürzlich umgerüsteten Booten fährt, die noch nicht ausreichend getestet wurden.
- Man sollte sich vergewissern, dass das Boot über eine zuverlässige Kommunikationsausrüstung für Wetterinformationen und Notfälle verfügt.
- Frauen sollten ihre Kabine weder mit dem Skipper noch mit anderen männlichen Besatzungsmitgliedern teilen.
- Vorsicht mit Skippern, die einen nicht regelmäßig über das Wetter informieren.
- Ist ein Skipper ständig gestresst, kann das auf Überforderung aufgrund mangelnder Fähigkeiten hindeuten. Eine schlechte Atmosphäre wird dadurch allemal geschaffen.
- Vergewissern sollte man sich auch, dass an Bord eine angemessene Sicherheitsausrüstung vorhanden ist, insbesondere bei Fahrten auf hoher See.

Grüne Fahnen

- Ausführliche und klare Kommunikation seitens des Skippers vor und während der Reise ist ein positives Zeichen. Es deutet auf einen Skipper hin, der offen ist und bereit, wichtige Informationen zu teilen.
- Eine gründliche Sicherheitseinweisung, einschließlich praktischer Übungen mit der Sicherheitsausrüstung und Drills, sind zu begrüßen. Ein Skipper, der Sicherheit in den Vordergrund stellt, ist vertrauenerweckend.

- Ein guter Skipper kümmert sich um das Wohlbefinden der Besatzung und sorgt dafür, dass sie sich wohlfühlt und gut auf die Reise vorbereitet ist.
- Ein gut gepflegtes Boot ist ein positiver Indikator für das Engagement des Skippers in Sachen Sicherheit und Zuverlässigkeit.
- Ein Skipper, der auch in stressigen Situationen entspannt bleibt, strahlt Vertrauen und Erfahrung aus. Mit seiner Souveränität sorgt er für eine positive Atmosphäre an Bord und sorgt so für einen angenehmen Segeltörn.

Checkliste

Hat man das richtige Boot und den richtigen Skipper für sich gefunden?

Die drei folgenden Schritte sollte man durchgehen, um feststellen zu können, ob Skipper, Mannschaft und Boot für den Törn passend sind.

Erstens: Überprüfung des Hintergrunds. Es geht um Informationen über den Hintergrund des Schiffes, des Skippers und der Mannschaft. Man sollte mit Google nach Details und Fotos zum Boot suchen, nach dem Namen des Skippers und den Namen der Besatzungsmitglieder. Gab es Medienberichte über Havarien? Möglicherweise verfügen der Skipper oder die Mannschaft über eine Website, über die man Informationen einholen kann. Sinnvoll ist es auch, sich in den sozialen Medien zu vernetzen. Eine Timeline kann viel über die Persönlichkeit, die Werte und die Überzeugungen einer Person aussagen.

Auch Erkundigungen im Yachthafen können Licht ins Dunkel bringen. Welchen Ruf haben Boot und Skipper? Welche Route will welches Boot fahren? Kann man dort ankommen und abfahren, wo das Schiff liegt und hinfahren will, benötigt man für diese Strecke ein Visum?

Erster Anruf oder erstes Gespräch

Schon beim ersten Anruf oder Gespräch kann man ein Gefühl dafür bekommen, wie der Skipper drauf ist und wie der Törn aussehen könnte. Wenn man online Kontakt aufgenommen hat, sollte man ein Telefonat führen, um sich gegenseitig kennenzulernen. Das Telefonat dient in erster Linie dazu, ein Gefühl für den Skipper zu bekommen, man sollte daraus kein Verhör machen. Fakten und Details können auch per E-Mail erfragt werden. Ich empfehle dringend, einen Videocall zu führen, damit man wirklich eine Verbindung zueinander aufbauen kann.

Wenn man sich im Hafen getroffen hat, kann man nach einem allgemeinen Gespräch ein paar Fragen stellen, um herauszufinden, ob es eine sichere und glückliche Verbindung sein könnte. Man sollte auf jeden Fall mit dem Skipper sprechen. Wenn es der Eigner ist, der eine Crew sucht, sollte zusätzlich um ein Gespräch mit dem Skipper gebeten werden. Auch mit anderen Besatzungsmitgliedern sollte man sprechen, bevor man seinen Platz auf einem Schiff bestätigt.

Folgende Fragen sollten mit dem Skipper und der Mannschaft im Gespräch geklärt werden:

- Wie lange segeln Sie schon?
- Wer wird noch an Bord sein?
- Mit wie vielen Personen werden wir segeln?
- Merkmale (Alter, Nationalität, Hintergrund, Interessen)?
- Welche Erfahrungen, Fähigkeiten und Lizenzen sind an Bord vertreten?
- Was erwartet der Skipper von mir als Besatzung? Während der Vorbereitung, während und nach der Reise.
- Wird an Bord geraucht? Wenn ja, in welchem Umfang?
- Ist Alkohol an Bord erlaubt? Wenn ja, in welchem Umfang?
- Was ist mit Drogen? Man sollte nicht als Erstes danach fragen, aber fragen sollte man schon, ob und in welchem Umfang Drogen konsumiert werden. Die Antwort wird einem etwas über die Einstellung des Skippers zur Sicherheit und zum Bootsmanagement verraten.
- Ich bin Vegetarier/Veganer/habe Glutenunverträglichkeit. Ist das für den Skipper in Ordnung?

- Ich habe die Krankheit X. Ist das für den Skipper okay?
- Der Reiseplan.
- Welcher Hafen wird angefahren?
- Wann ist das geplante Abreisedatum?
- Ist es möglich, sich vorher zu treffen?

Auch Finanzielle Vereinbarungen sollten in dem Gespräch getroffen werden, und es sollte über die Ausrüstung gesprochen werden:
- Welche Kosten teilen wir uns? (Lebensmittel, Treibstoff, Hafen-, Mooring-, Zoll- und Einreisegebühren)?
- Wird ein täglicher Beitrag erwartet?
- Wer bezahlt den Transport zum Schiff?
- Gibt es andere Kosten, die ich beachten sollte?
- Erzählen Sie mir von dem Boot. Wie ist das Boot beschaffen?
- Unter welcher Flagge ist das Boot registriert?
- Wie alt ist das Boot? Wurde es schon einmal umgebaut?
- Wie viele Meilen sind Sie mit diesem Boot schon gefahren?
- Gibt es eine Rettungsinsel? Ein Satellitentelefon?
- Gibt es eine Schlechtwetterausrüstung an Bord?
- Welchen Motor hat es?
- Wie erzeugen Sie Strom?
- Welche Reparaturen müssen vorher durchgeführt werden?
- Wie sieht der Rückstellungsplan aus?

Diese Fragen müssen nicht alle am Telefon besprochen werden, aber unbedingt vor der Abreise. Wenn am Telefon Vereinbarungen getroffen wurden, sollten diese noch einmal per E-Mail bestätigt werden. Dann macht man sich eine vollständige Lagebeurteilung.

Vollständige Bewertung der Situation

Bevor man in See sticht, sollte man sich gegenseitig und das Schiff kennenlernen. Einfach einfliegen und am nächsten Tag in See stechen sollte man besser nicht. Vor allem dann nicht, wenn es sich um eine lange Überfahrt handelt. Ich empfehle dringend, mindestens drei Tage miteinander zu verbringen, um herauszufinden, ob man gut zusammenpasst. So bekommt man einen Einblick in die Persönlichkeit, die Werte, die Kompetenzen und das Problemlösungstalent des Skippers. Und das gilt natürlich auch umgekehrt. Ein mehrtägiger Probetörn ist deshalb eine gute Idee. Das gilt auch für ein gemeinsames Abendessen mit dem Skipper.

Jede Idee ist gut, bei der man den Kapitän auf einer anderen Ebene kennenlernt. Schließlich sollte man sich an seiner Seite wohlfühlen, wenn man auf engstem Raum zusammen sein wird. Es lohnt sich, die persönliche investigative Antenne einzuschalten.

Checkliste zum Glücklichsein

Diese Glücksliste hilft einem bei der Entscheidung für das richtige Boot, den richtigen Skipper und die richtige Mannschaft auf der Grundlage von Werten und persönlichen Eigenschaften.

- Mag man den Skipper? Das ist eine einfache Frage, der man sich stellen sollte, aber eine wichtige. Behandelt er nicht nur einen selbst, sondern auch andere Menschen mit Höflichkeit und Respekt?
- Haben der Skipper wie auch die anderen Besatzungsmitglieder eine positive Einstellung?
- Fühlt man sich in der Nähe des Skippers wohl?
- Gibt es eine gleichgesinnte Crew an Bord? Versteht man sich mit den Persönlichkeiten an Bord? Haben die anderen eine gute Energie? Man sollte sich die Zeit nehmen, das herauszufinden. Hat man gemeinsame Interessen, die über das Segeln hinausgehen?
- Auf einem Boot sind Diskussionen unerwünscht, Religion und Politik sind keine guten Segelthemen. Man kann sie an Land besprechen, sollte dann aber die Überzeugungen des anderen akzeptieren und es dabei belassen. Man will keinen Konflikt oder Streit auf See. Wenn man aber Rassismus, Sexismus oder

sehr unterschiedliche politische Ansichten wahrnimmt, sollte man das Schiff verlassen, bevor man lossegelt.

- Warum wollen der Skipper oder die Besatzung auf diese Reise gehen? Verfolgen auch sie einen Traum, oder geht's darum, schnell und billig irgendwohin zu kommen?
- Ist man mit dem geplanten Abfahrts- und Ankunftsort des Schiffes zufrieden?
- Ist der Skipper in erster Linie am Geld der Mitreisenden interessiert oder sucht er eine Beziehung oder Sex?
- Kann man sich sicher sein, dass der Skipper nicht in illegale Geschäfte wie Schmuggel verwickelt ist? (Ich habe tatsächlich einen Skipper kennengelernt, der dies tat, um ein paar Dollar zusätzlich zu verdienen – das kommt vor!)
- Wird man im Yachthafen liegen oder ankern, und wäre es für einen möglich, an Land zu gehen?
- Wird man um die Inseln herumsegeln, bevor man in den Atlantik hinausfährt?
- Stimmen die Interessen an Bord überein? Denn die können vielschichtig sein: Einige wollen nur segeln, andere lieber in der nächsten Bucht ankern, nicht an Land gehen, einige wollen die Inseln von innen heraus erkunden, andere wollen einfach nur das Kästchen *war da* abhaken.
- Kann man das Boot gemeinsam vorbereiten und versorgen? Etwa die Verpflegung zusammen besprechen? Essen ist ein wichtiger Bestandteil für ein Wohlgefühl auf der Reise. Man muss dies gut geregelt haben, damit jedes Besatzungsmitglied zufrieden ist.
- Wie sieht der Wachplan aus, wenn man auf See ist?
- Verfügt das Boot über einen bequemen Wachplatz? Vor allem bei Hochseepassagen kann man Dutzende von Stunden auf Wache sein. Gibt es ein Bimini, das Schutz vor Sonne und Regen bietet?
- Ist man mit der Lage der Kabine und der Toilette zufrieden? Auf einigen Booten hat man seine eigene Kabine, auf den meisten aber

teilt man sich eine Kabine, und auf einigen Booten schläft man auf dem Sofa im Salon oder im Cockpit. Ist das in Ordnung? Mit wem teilt man sich die Koje? In der lokalen Segelszene haben manche Boote keine Toilette. Ist das für einen in Ordnung?

- Ist man mit der Stromerzeugung an Bord zufrieden? Vielleicht kann man seinen Laptop aufladen, vielleicht nicht. Vielleicht hat man Medikamente, die immer im Kühlschrank aufbewahrt werden müssen. Verfügt das Boot über die entsprechenden Ressourcen? Ein Boot, das Strom durch Sonnen- und Windenergie erzeugt, anstatt Treibstoff zu verbrennen, würde die Fahrt viel reiner und umweltfreundlicher machen, ohne Lärm, Gerüche und Treibstoffkosten. Hat man hier eine Präferenz? Ist man mit dem Motor zufrieden? Wie sieht die Wasserversorgung aus?
- Verfügt das Boot über einen funktionierenden Autopiloten?
- Ist das Boot sauber?

Sicherheits-Checkliste

Diese Sicherheitscheckliste wird helfen, die Fähigkeiten des Skippers, der Mannschaft und des Bootes in Bezug auf die eigene Sicherheit zu beurteilen. Einige Formulierungen über das Segeln und Bootsteile in der Checkliste sind vielleicht nicht vertraut. Im Glossar am Ende des Buches werden sie erklärt.

Skipper

Über welche Erfahrungen verfügt der Skipper? Fragen zu dessen Kompetenzen und Qualifikationen, Küsten- und Hochseeerfahrung samt zurückgelegter Meilen sind nicht nur erlaubt, sondern wichtig und empfehlenswert. Auch nach Bescheinigungen und Referenzen des Skippers sollte man sich erkundigen, um seine seemännischen Fähigkeiten beurteilen zu können. Wie reagiert er bei schlechtem Wetter, im Notfall, bei Problemen mit der Navigation oder anderen technischen Schwierigkeiten? Wer sich hier zu fragen traut, gewinnt an Sicherheit.

Die Fragen könnten lauten:
- Wo überall auf der Welt waren Sie segeln?
- Was ist die längste Passage, die Sie gemacht haben?
- Haben Sie einen Sturm, ein Feuer oder eine Mann-über-Bord-Situation erlebt? Wenn ja, was ist passiert, und wie wurde die Situation gelöst?
- Was tun wir, wenn ein Passagier über Bord gegangen ist?
- Wie reagiert man, wenn es brennt?
- Wie wird navigiert werden, wenn die elektrischen Hilfen ausfallen? Haben Sie schon einmal mit einem Sextanten gearbeitet?
- Wann entscheiden Sie sich für das Motorsegeln?
- Wann wurde die Rettungsinsel gewartet?
- Kann man den Bauplan des Bootes sehen?
- Haben Sie eine Karte mit allen Seeventilen?
- Welche Ersatzteile gibt es an Bord? Haben Sie jemals die Kraftstofffilter ausgetauscht und die Bilgepumpe selbst repariert?
- Wie viel Treibstoff fasst das Boot?
- Wie viel Wasser fasst das Boot? Wie viel werden wir voraussichtlich pro Tag verbrauchen?
- Wie alt ist die Takelage, sind die Segel, der Motor, die Batterien? Wann wurden sie zuletzt gewartet?
- Gibt es neben Ihnen noch andere kompetente und erfahrene Besatzungsmitglieder an Bord?
- Auch Handbücher und Bedienungsanleitungen können durchaus bei technischen Problemen zu Lösungen führen. Sind diese Hilfsmittel an Bord vorhanden?
- Was ist für die Sicherheit der Besatzung vorgesehen?
- Wird man auf dem Boot herumgeführt, um zu erfahren, wo sich die gesamte Sicherheitsausrüstung befindet?
- Werden die Verfahren für das Überbordgehen und den Brandfall an Bord mit allen besprochen und geübt?
- Kann man einen Blick in das Logbuch werfen? Für Informationen über Boot und Skipper.

- Selbst wenn man sich mit dem Skipper und der Mannschaft wohl und sicher fühlt, was ist mit dem Schiff?

Seetüchtigkeit und Zustand des Bootes

Das Leben eines Seglers hängt natürlich auch vom Zustand des Bootes ab. Er spiegelt auch die Persönlichkeit des Skippers wider. Die besten Boote können sehr unordentlich sein. Aber auch ein Durcheinander sollte man sich genauer angucken, es könnten schließlich eine Menge Vorbereitungen im Gange sein. Wer über bestimmte Aspekte genauer Bescheid wissen möchte, sollte andere Skipper oder Besatzungsmitglieder nach ihrer Meinung fragen. Dabei sollten Antworten auf folgende Sicherheitsaspekte gefunden werden:

- Ist das Boot neu gekauft? Wenn ja, wie viele Seemeilen wurden bereits zurückgelegt?
- Wurde die Ausrüstung getestet?
- Wurde es gerade erst umgerüstet? Wenn ja, wie viele Seemeilen wurden seitdem zurückgelegt?
- Ist es gut gewartet? Alte Boote können die robustesten sein, die es gibt, weshalb man sich vom Alter eines Bootes nicht abschrecken lassen sollte.
- Wie ist die Reparatur- und Wartungshistorie?
- Befindet sich das Boot in demselben Zustand wie angegeben? Oder hat man vor, das Boot noch ein oder zwei Monate lang vorzubereiten? Das ist in Ordnung, wenn man damit einverstanden ist (man kann viel lernen), aber man sollte sich darüber im Klaren sein, dass man als freier Bootsarbeiter genutzt werden soll.
- Selbst überprüfen oder jemanden überprüfen lassen sollte man den Motor(raum), die elektrische Verkabelung, den Rumpf, das Rigg und die Segel. Das ist sehr wichtig.
- Thema Sauberkeit: Wie sieht die Kombüse aus, der Kühlschrank und das Navigationspult? Befinden sich Insekten an Bord?
- Gibt es eine Offshorerettungsinsel mit ausreichender Passagierkapazität und einer gültigen Inspektion? Dies ist ein Muss.

- Gibt es eine EPIRB? Auch dies ist ein Muss.
- Verfügt das Boot über einen AIS-Empfänger?
- Gibt es Schwimmwesten und Sicherheitsleinen für die gesamte Besatzung?
- Befinden sich eine Mann-über-Bord-Ausrüstung (ein Rettungsring und eine MOB-Stange) an Bord sowie genügend (gültige) Leuchtraketen (roter Fallschirm, rotes Handgerät)?
- Gibt es eine Notpinne?
- Gibt es ausreichend Feuerlöscher an Bord?
- Gibt es Seekarten auf Papier an Bord, vor allem des Abfahrtshafens und des Ankunftsortes?
- Gibt es eine gut ausgestattete Notfalltasche, einen sogenannten Grab Bag (mit Kommunikationsmitteln, Sonnen- und Windschutz, Nahrung, Wasser und medizinischer Versorgung), die an einem Ort platziert ist, wo man sie schnell erreichen kann?
- Gibt es einen gut ausgestatteten Erste-Hilfe-Kasten, einschließlich verschreibungspflichtiger Medikamente und Schmerzmittel?
- Ist das Boot gut mit Ersatzteilen ausgestattet? Dabei ist an Motorteile, Filter, Elektronik (GPS, Kompass, VHF-Antenne), Segelreparaturmaterial, Leinen, Segel und Pumpen zu denken.
- Gibt es ein funktionierendes Radargerät? Wenn das Boot aus Glasfaser besteht, gibt es einen guten Radarreflektor? Man kann auch die Radarsignatur überprüfen, indem man eine andere Yacht fragt, wie das Boot auf ihrem Radar aus der Entfernung aussieht.
- Verfügt das Boot über einen Autopiloten?
- Wie viel Zeit wird für die Vorbereitung des Bootes benötigt, bevor es in See sticht?

Weitere wichtige Fragen

Ist das Boot versichert? Erlaubt die Versicherung die vorgesehene Personenanzahl an Bord? Man sollte sich vergewissern, dass man für größere Schäden nicht haftbar gemacht werden kann.

Gut zu wissen: Alles, was man wirklich benötigt, sind Wasser, Essen und eine Seekarte aus Papier. Der Rest ist Bonus, eine Sicherheitsmaßnahme oder ein zusätzliches Kopfzerbrechen! Ausrüstung kann die Fahrt bequemer und sicherer machen, aber auch komplizierter. Jede Ergänzung kostet Wartung und Geld. Jedes Boot hat seine Probleme. An einem Boot wird ständig gearbeitet. Ständig gehen Dinge kaputt und müssen repariert werden, also braucht man nicht auszuflippen, das ist völlig normal. Und man lernt am meisten auf Booten, wo Dinge kaputtgehen.

Umso wichtiger ist es, herauszufinden, ob der Skipper gut vorbereitet ist.

Was sagt einem der eigene Instinkt? Wenn man nicht in der Lage ist, eine fundierte Entscheidung zu treffen, oder wenn man ein ungutes Gefühl hat, sollte man es sein lassen. Gelegenheiten ergeben sich immer wieder. Immer dem eigenen Gefühl folgen.

Allein reisen als Frau

Auch wenn es als Frau leichter ist, eine Mitsegelgelegenheit zu finden, ist es wichtig, dass man sich sicher, glücklich und geborgen fühlt. In der Segelwelt gibt es in der Regel mehr männliche als weibliche Skipper, so dass es schwierig sein kann, eine Mannschaft mit einem ausgewogenen Verhältnis der Geschlechter oder eine reine Frauenmannschaft zu finden. Als Frau erhält man vielleicht mehr Einladungen, aber nicht immer mit den sympathischsten Absichten.

Um Risiken zu minimieren, empfehle ich, die Suchkriterien auf Boote mit mindestens drei, idealerweise vier Personen an Bord einzugrenzen. Online-Profile sollten sorgfältig geprüft und Boote, bei denen der Skipper angibt, auf der Suche nach einer Bekanntschaft zu sein, sollten vermieden werden. Zumindest dann, wenn man selbst kein Interesse daran hat. Ich würde es auch vermeiden, an einem abgelegenen Ort auf ein Boot zu gehen. Ich empfehle außerdem, einen Lebenslauf und Referenzen zu verlangen, bevor Frauen ein Angebot annehmen. Und sie sollten Boote meiden, auf denen sich nur Männer aufhalten, es sei denn, man ist zuversichtlich und fühlt sich mit solch einer Situation wohl. Generell sollten Frauen eine eigene Koje haben, und wenn sie diese mit anderen teilen müssen, dann nur mit einer anderen Frau. Es ist weder üblich noch sicher für eine Frau, eine Kabine mit einem Mann zu teilen, auch dann nicht, wenn der Platz oder die Kabinenanordnung an Bord begrenzt ist.

Frauen sollten bei der Auswahl des Bootes auf ihre Intuition hören und bei dem geringsten Zögern oder der kleinsten Sorge Abstand nehmen. Ihre Sicherheit sollte im Vordergrund stehen, und wenn wir kein »Ja« spüren, dann ist es ein »Nein«.

Erwartungen und Vereinbarungen

Weil man sich an Bord immer anpassen muss, sollten einem die Toleranzgrenzen des Skippers bewusst sein. Er hat gewisse Erwartungen an einen, und man selbst erwartet auch etwas von ihm und der Reise. Vereinbarungen sorgen an dieser Stelle für Transparenz.

Welche Erwartungen sollten dabei kommuniziert werden?

Worauf sollte man sich einigen?

Man sollte sich im Klaren über die finanziellen Regelungen für die Passage sein. Was man wissen muss und deshalb klären sollte:

- Wie viel wird man zahlen (oder, wenn man Glück hat, sogar verdienen)? Es geht nicht nur um den Betrag selbst, sondern auch darum, was damit abgedeckt wird: Tagesbeitrag, Treibstoff, Hafengebühren, Lebensmittel, Zoll? Viele Skipper geben einen Tagesbeitrag an, zum Beispiel 10 € pro Tag, aber oft sind darin Lebensmittel, Treibstoff und Hafengebühren nicht enthalten, die sie dann zusätzlich berechnen werden. Je nach Anzahl und Budget der Besatzung sollte man zusätzlich 5 bis 10 € pro Tag für Lebensmittel, Treibstoff und Hafengebühren einplanen.
- Beginnt der tägliche Beitrag, sobald man an Bord ist (einschließlich Hafenzeit), oder wird er nur auf See berechnet?

- Wann soll man zahlen oder wird bezahlt?
  Ich schlage vor, dass man nicht mehr als 50 Prozent im Voraus bezahlen sollte, nachdem man den Skipper im wirklichen Leben getroffen hat. Wenn einem selbst ein Honorar zusteht, ist es üblich, dass man im Anschluss an die Reise bezahlt wird.
- Wer zahlt die Kosten für den Transport zum und vom Schiff? Und was beinhalten diese? Nur Flüge? Oder gelten auch die Transportkosten für Bus, Bahn und Taxis, die man eventuell benötigt? Wenn die Flüge abgedeckt sind, sollte man sie vom Skipper buchen lassen. Meine Flüge waren ein paarmal abgedeckt, aber ich musste nach der Ankunft wochenlang nachhaken, um das Geld zu erhalten. Man sollte sich darüber im Klaren sein, dass die Übernahme von Flügen ungewöhnlich ist, wenn man zum ersten Mal segelt.
- Was passiert, wenn man am Ende zu einem anderen Ziel als vereinbart segelt oder wegen einer Panne an einem Ort festsitzt? Muss man für diese Tage bezahlen? Oder trägt der Skipper, wenn die Reise nicht fortgesetzt werden kann, zu den Flügen von dort bei – was sehr teuer sein kann?
- Welche Folgen sind zu erwarten, wenn etwas auf dem Boot kaputtgeht, insbesondere wenn man selbst für den Schaden verantwortlich ist? Und wenn das Boot ein anderes Boot beschädigt? Gibt es eine Versicherung?
- Was passiert im schlimmsten Fall, wenn das Boot sinkt? Wann werden die Such- und Rettungsdienste mobilisiert? Ist das Boot oder man selbst für diesen Fall versichert?
- Deckt die Bootsversicherung die Anzahl der Besatzungsmitglieder an Bord komplett ab?

Man sollte niemals Vermutungen anstellen. Meine Annahmen kosteten mich ein paar Hundert Euro. Ich kam auf den Kanarischen Inseln an und ging davon aus, dass das Boot fertig sei und wir fünf Tage später auslaufen würden. Drei Wochen später waren wir immer noch dabei, Dinge zu reparieren. Diese Art von Situation kann in Ordnung sein, und man kann eine Menge lernen, aber es ist enttäuschend, wenn man etwas anderes erfährt, bevor man an Bord geht, vor allem, wenn man dafür bezahlt.

Ich wollte THE BOUNTY auf Teneriffa treffen. Also buchte ich einen Flug nach Teneriffa. Später wurde mir gesagt, dass es besser sei, nach La Gomera zu kommen, eine andere Insel der Kanaren. Kein Problem, das ist nur eine Fährfahrt entfernt. Es dauerte auch noch ein paar Tage, bis das Schiff den Hafen von La Gomera erreichte. Auch das ist kein Problem. Ich war froh, Teneriffa noch ein wenig zu erkunden. Beim Segeln im Allgemeinen ist es schwierig, zu garantieren, dass man zu einer bestimmten Zeit an einem bestimmten Ort ist. Schließlich ist man vom Wetter abhängig. Das habe ich verstanden. Das Wetter kann zu Verspätungen führen, technische Probleme können ebenfalls zu Verspätungen führen. Und Pläne können sich auch ändern. Aber eine Änderung nach der anderen ist nicht üblich und ein schlechtes Zeichen.

Es war Hochsaison auf Teneriffa, und Fähren und Unterkünfte waren nicht billig. Die zusätzlichen Ausgaben für die Unterkunft und die Fähre erhöhten die Kosten der Reise um etwa 100 €. Ich dachte, ich könnte auf dem Schiff mitfahren, wenn ich dafür Fotos mache und Berichte schreibe.

Bei der Ankunft wurde von mir erklärt, dass ich mich an den Kosten für Essen, Hafen und Treibstoff beteiligen müsse. Auch das war kein Problem. Ich dachte, das sei fair. Aber das war mir vorher nicht mitgeteilt worden, und es stellte sich heraus, dass es noch ein paar Hundert Euro mehr waren. Abgesehen von den unerwarteten Kosten war da auch noch die Passage, von der ich annahm, dass sie anders verlaufen würde. Während wir maximal fünf Tage nach meiner Ankunft auslaufen sollten, segelten wir wochenlang um die Kanarischen Inseln, reparierten Dinge, war-

teten auf Ersatzteile und suchten nach einer neuen Mannschaft. Auch das war kein Problem; ich war froh, etwas von den Kanarischen Inseln zu sehen, und das Wichtigste war, dass das Boot für die Überfahrt bereit war. Aber auch das brachte einen weiteren Batzen Euro an persönlichen Kosten mit sich. Schließlich, nach drei Wochen Segeln um die Kanarischen Inseln, wurde klar, dass die Situation anders war als vereinbart und erwartet. Ganz zu schweigen davon, dass jeden Tag neue Situationen auftauchten. Also bin ich abgereist – was mich noch mehr gekostet hat, da ich eine Unterkunft finden musste. Durch das Verlassen der BOUNTY *habe ich ein paar hundert Euro verloren (für Proviantkosten, Hafenanteil und zusätzliche Kosten an Land nach dem Verlassen).*

Man sollte seine Erwartungen klar kommunizieren und sicherstellen, dass man auf derselben Seite steht wie der Skipper. Deshalb sollten alle Vereinbarungen darüber, wie viel und wann gezahlt wird, klar dokumentiert werden.

Wie sicher kann das Schiff an einem bestimmten Ort zu einer bestimmten Zeit sein? Wenn man sich nicht sicher ist, was beim Segeln sehr wahrscheinlich ist, sollte man sein Ticket nicht zu weit im Voraus buchen. Das setzt die Skipper unter Druck oder könnte für einen teuer werden, wenn man die Pläne ändert.

Wer nach einem Zeitplan lebt, während der Skipper keinen hat, sollte einen Weg finden, der für beide funktioniert. Wann und wo wird man nach der Passage voraussichtlich ankommen? Wie wahrscheinlich sind Änderungen? Kann man nach der Ankunft auf dem Schiff bleiben? Ich schlage vor, dass man sich nach der ersten Überfahrt noch nicht festlegt, da man seine Meinung nach einer intensiven Zeit auf See noch ändern könnte. Erkundigen sollte man sich dennoch, ob es überhaupt möglich ist, auf dem Schiff zu bleiben. Wenn man sich sicher ist, dass man nach der Ankunft *nicht* an Bord bleiben wird, sollte man dies auch deutlich machen. So kann der Skipper im

Voraus ein anderes Besatzungsmitglied einplanen, das er eventuell braucht.

Nach der Ankunft in Tobago konnte ich so lange an der NOOR *bleiben, wie ich wollte. Das Schiff sollte den Winter über zwischen den Inseln unterwegs sein, und ich konnte mich ihm gern anschließen. Das war eine verlockende Option, aber ich beschloss, das Schiff in Tobago zu verlassen. Ich hatte mich einfach in die Insel verliebt und wollte das Wesen der Insel spüren und erkunden. Die Zeit mit der Crew war wunderbar gewesen, aber ich freute mich darauf, wieder auf eigene Faust zu reisen. Das Leben auf einem fremden Boot erfordert eine Menge Anpassung. Da ich mich nach der Seepassage nicht zum Segeln verpflichtet hatte und Kapitän Rudy und seine Crew einfach großartig sind, war es überhaupt kein Problem, das Boot zu verlassen.*

Enttäuschungen vermeiden

Eine der besten Möglichkeiten, einen Skipper und andere Besatzungsmitglieder kennenzulernen, besteht darin, gemeinsam Zeit zu verbringen, vor allem, wenn man gemeinsam am Boot arbeitet. Es ist auch eine ausgezeichnete Einführung in das Boot; und man kann viel lernen. Wenn man rechtzeitig vor einer großen Reise an Bord geht, kann man sich vergewissern, dass man die richtige Wahl getroffen hat. Es ist gut, wenn man sich darüber im Klaren ist, dass man mit vielen Arbeiten auf dem Schiff konfrontiert werden könnte, auch als zahlendes Besatzungsmitglied. Das mag für ein paar Tage vertretbar sein, aber wenn es sich über ein paar Wochen hinzieht und die Reparatur von unwesentlichen Dingen einschließt, könnte der Skipper das ausnutzen.

Zu klären sind in der Vorbereitung zudem folgende Fragen: Wenn man sich die Kosten für Lebensmittel teilt, sollte man sich über das Budget, die Essgewohnheiten und die Zeit des anderen im Klaren sein. Die Versorgung ist eine gemeinsame Aufgabe, bei der es um Geben und Nehmen geht. Jeder sollte zufrieden sein. Wenn die Budgets unterschiedlich sind, kann man sich darauf einigen, alle Grundnahrungsmittel gemeinsam zu besorgen und die Genussmittel auf das eigene Konto zu buchen. Wenn man als Vegetarier oder Veganer an Bord eines omnivoren Schiffes geht, sollte man vorher mit dem Skipper und der Mannschaft darüber sprechen.

Auf einem Schiff, das den Atlantik überquerte, kostete die Versorgung von acht Personen 600 €. Wir waren alle auf einem Backpacker-Budget unterwegs und waren mit einfachem Essen zufrieden. Nicht zu viel Luxus. Auf einem anderen Schiff für eine andere Überfahrt haben wir ebenfalls für 600 € eingekauft, allerdings für vier Personen. Wir hatten uns im Vorfeld kein Budget gesetzt – wir haben einfach das eingekauft, was wir für nötig hielten, und ich hatte einen Herzinfarkt an der Kasse. Zusätzlich zu diesen 600 € mussten wir noch auf dem Markt frische Produkte einkaufen.

Zuständigkeiten

Was muss man als Besatzungsmitglied tun?

Diese Frage zu klären, ist unbedingt notwendig. In der Regel erwartet der Skipper von einem, dass man Teil der Besatzung ist und sich an allen Aufgaben beteiligt, zum Beispiel beim Kochen, der Reinigung des Bootes, den Wachen. Wenn man hauptsächlich als Koch, Techniker, Fotograf oder Babysitter mitfährt, sollte man mit dem Skipper abklären, ob er von einem erwartet, dass man sich auch an den Wachen beteiligt.

All diese Punkte können oft (aber nicht immer) ausgehandelt werden. Auf einigen Schiffen unterzeichnet man eine Schiffsvereinbarung, jedes Besatzungsmitglied. Wenn dies nicht der Fall ist, sollten man proaktiv sein und selbst eine Vereinbarung treffen und diese immer schriftlich festhalten.

Viele Dinge mögen für den Skipper oder einen erfahrenen Segler selbstverständlich sein, für einen selbst jedoch nicht so offensichtlich. Was kann man noch erwarten? Und was wird von einem erwartet?

Man sollte sich darauf einstellen, dass man sich anpassen muss, weil man schließlich das Haus und das Leben eines anderen Menschen betritt. Einen privaten Raum. Beim Segeln oder bei Arbeiten am Boot gilt: »Der Wille des Skippers ist Gesetz.« Man muss die Entscheidung des Skippers respektieren, ob man damit einverstanden ist oder nicht. Vorschläge sind willkommen, aber Streit ist nicht erwünscht. Deshalb ist es besonders wichtig, dass man sich auf dem Boot mit dem Skipper sicher und wohl fühlt, bevor man an Bord geht. Informationen über die Schiffsregeln und die Arbeitsweise des Skippers sind notwendig. Jedes Boot ist anders, und jeder Kapitän ist anders. Eigenmotivierte Aktivitäten sind oft willkommen, aber man sollte nichts tun, wenn man sich nicht 100-prozentig sicher ist. Ein einfacher Druck auf einen Knopf kann einen Mast brechen.

Was man außerdem beachten sollte, um falsche Erwartungen vom Leben an Bord, und damit Enttäuschungen, zu vermeiden:

- Kapitäne sind rechtlich für die Sicherheit des Schiffes und der Mannschaft verantwortlich. In Drucksituationen können manche von ihnen sehr laut werden, was man nicht persönlich nehmen sollte. Zu einem Dauerzustand sollte es aber auch nicht werden.
- Man muss davon ausgehen, dass man hart arbeiten muss, und sollte dazu eine positive und offene Einstellung haben und sich freiwillig an allen Aufgaben an Bord beteiligen. Egal, ob man für seinen Arbeitseinsatz bezahlt werden wird oder nicht, an Bord gibt es Aufgaben zu erledigen, und zwar für alle. Die Liste ist unendlich lang.
- Man wird nur wenig Platz haben, um seine Sachen zu verstauen. Es ist also nicht sinnvoll, viel Gepäck mit an Bord zu nehmen und schon gar keine großen Koffer.
- Man sollte damit rechnen, sich eine Kabine zu teilen, vielleicht sogar eine Koje.

- Man sollte nicht erwarten, dass man oft duschen kann. Jeder Tropfen Wasser an Bord ist heilig.
- Hingegen sollte man unbedingt damit rechnen, dass Dinge (Segel, Systeme, Pumpen, Technik) kaputtgehen.
- Auch ist es sehr wahrscheinlich, dass man seekrank wird – das ist dann nicht das Ende der Welt. Ich werde seekrank und nutze trotzdem jede Gelegenheit zum Segeln. Es ist es wert.
- Man sollte sich auch auf eine mühsame und nasse Fahrt einstellen – nicht an allen Tagen, aber an vielen, wo der Wind in beide Richtungen weht. Ich dachte, ich könnte auf einer Ozeanüberquerung ein Buch schreiben, aber es war viel zu heftig und nass, und es war schon mühsam, überhaupt den Laptop aufzuladen.
- Von mindestens einem Monat auf See sollte man ausgehen, also sollten in dieser Zeit keine anderen Verpflichtungen eingeplant sein.
- Erwartbar ist zudem, dass andere, einschließlich des Skippers, genauso aufgeregt sind wie man selbst. Viele von der Crew machen das zum ersten Mal und haben jahrelang darauf hingearbeitet und geplant, einen bestimmten Ort zu erreichen.

Einfach das Unerwartete erwarten und mit einer offenen Einstellung das Abenteuer geschehen lassen.

Risikomanagement

Selbst im Zeitalter von Satellitentelefonen, Rettungstechnologien und Kommunikationssystemen kann die nächste Hilfe immer noch Hunderte Meilen entfernt sein. Was kann passieren? Eine ganze Menge. Man kann das Rigg verlieren, ein Feuer kann ausbrechen, Wasser ins Boot eindringen, man kann das Ruder verlieren, die Segel können reißen, man kann sich ein Bein brechen, oder im schlimmsten Fall kann das Schiff sinken. Flugzeuge stürzen ab. Autos haben Unfälle. Und um es ganz offen zu sagen: Chaos passiert. Selbst beim Segeln auf hoher See, wo es keine Riffe oder Felsen gibt und das Risiko, mit etwas zu kollidieren, extrem niedrig ist. Dennoch könnte man ein anderes Boot, einen Wal oder einen schwimmenden Container rammen. Das sind zwar seltene Szenarien, aber es kann passieren. Deshalb ist es so wichtig, wachsam zu sein.

Es ist zwar extrem unwahrscheinlich, aber manchmal sinken Schiffe. Einer meiner Mitstreiter erlitt bei einem früheren Törn Schiffbruch. Ich war schon auf einem sinkenden Schiff. Es gelang uns, es wieder unter Kontrolle zu bringen. Und ich kenne zahlreiche Geschichten aus erster Hand, bei denen Menschen gerettet werden mussten. Heutzutage sind die Rettungsdienste phänomenal, aber natürlich muss man sich auf sich selbst verlassen können. Deshalb ist es so wichtig, dass das Boot so sicher und gut vorbereitet ist, wie es eben nur geht. Und das gilt auch für einen selbst.

Wie kann ich als Crewmitglied das Risiko minimieren?

Man sollte sich vergewissern, dass das Boot, auf das man geht, über alle Sicherheitsvorkehrungen verfügt (siehe bereits erwähnte Checklisten).

Man sollte prüfen, ob das Schiff ordnungsgemäß versichert ist und dass man im Falle eines größeren Schadens oder eines Schiffbruchs nicht finanziell haftbar gemacht werden kann. Für Seereisende ist aber in jedem Fall eine Reise- und Haftpflichtversicherung unbedingt erforderlich.

Zudem sollte unbedingt ein Notfallplan erstellt werden, einschließlich eines Notbudgets, um in jedem Fall wieder nach Haus zu kommen.

Hilfreich ist natürlich auch eine Risikorecherche. Dabei prüft und studiert man die Wettervorhersage, den Törnplan, die Hindernisse und die Seekarte und macht sich diese bewusst.

Es sollte zudem berechnet werden, ob genügend Wasser an Bord ist und ob ein Reservesystem vorhanden ist (zum Beispiel ein Wasseraufbereiter oder ein zweiter Wassertank, von denen einer geschlossen ist). Jeder Mensch braucht täglich bis zu drei Liter Wasser – ausschließlich zum Trinken. Die Stärke der Besatzung, die Länge der Passage, die

Kapazität der Wassertanks, die geschätzten Seetage plus zusätzliche Notfalltage müssen bei der Berechnung bedacht werden.

Sinnvoll ist es, einen Notfallplan für verunreinigtes Tankwasser zu haben. Wenn nur ein Wassertank an Bord ist, wird eine Reserve für den Fall benötigt, dass der Tank verunreinigt wird oder versalzen ist. Eine Wasserfilterflasche, mit der man jederzeit Wasser filtern kann, ist deshalb unverzichtbar.

Die Grundlagen des Umgangs mit dem Funkgerät sollten erlernt werden. Man kann das Funkgerät für einen Pan-Pan-Ruf, Sécurité- oder einen Mayday-Ruf verwenden.

Pan-Pan ist ein Notfall, bei dem kein Leben in Gefahr ist.
Sécurité ist eine Navigationswarnung – beispielsweise ein herumtreibender Container.
Mayday ist für eine lebensbedrohliche Situation an Bord.

Man kann auch den Pan-Pan Medico wählen, der die Küstenwache veranlasst, einen Arzt herbeizurufen, der einem Ratschläge für seine Probleme gibt.

Gibt es zudem jemanden oder ein kompetentes Buch mit Erste-Hilfe-Kenntnissen an Bord?

Befindet sich eine gut ausgestattete Reiseapotheke an Bord?

Wenn niemand an Bord über spezielle Erste-Hilfe-Kenntnisse verfügt, gibt es eine Kontaktperson, die man im Notfall über das Satellitentelefon anrufen kann?

Alle Notrufnummern sollten im Satellitentelefon gespeichert sein, am besten man schreibt sie zusätzlich auf und legt sie an einem gut sichtbaren Ort ab. Vor der Abfahrt sollte außerdem eine Sicherheitseinweisung an Bord durchgeführt werden, inklusive des Ablaufs des Mann-über-Bord-Verfahrens (MOB).

Generell sollte man möglichst schnell lernen, wie das Boot funktioniert, denn wenn dem Skipper oder einem anderen fähigen Crewmitglied etwas zustößt, muss man möglichst selbst in der Lage sein, zu übernehmen. Deshalb muss man unbedingt wissen, wo sich die gesamte Sicherheitsausrüstung befindet – also Grab Bag, Leuchtraketen, Rettungswesten, Feuerlöscher, Rettungsinsel, MOB-Ausrüstung, Erste-Hilfe-Kasten.

Bei aller Einweisung und Planung werden dennoch unvorhergesehene Dinge passieren. Das ist Teil des Segelns. Deshalb sollte man mit der Einstellung an Bord gehen: »Es ist machbar.« Einfach erfinderisch sein, aufmerksam und gut vorbereitet. Dann lassen sich die allermeisten Situationen tatsächlich meistern.

Weniger ist mehr –
Packen für die große Reise

Das Adrenalin und der Stress eines Abenteuers sind besser als tausend ruhige Tage«, lauten die weisen Worte des brasilianischen Schriftstellers Paulo Coelho.
Wie aber bereitet man sich als Crewmitglied vor? Was sollte man einpacken? Was sollte man für die Unterhaltung an Bord mitbringen und herunterladen? Wie kann man sich vorbereiten, um auf der Fahrt fit und gesund zu bleiben? Wie können Freunde und Familie einen von zu Hause aus begleiten? Was ist Seekrankheit, und wie kann man sich darauf vorbereiten? Was muss man vorbereiten, wenn man mit dem Schiff in einem neuen Land ankommt?

Die zentrale Botschaft auf fast alle Fragen lautet: Weniger ist mehr. Und noch weniger ist noch mehr. Aber für Wochen auf See zu packen, ohne zu wissen, wie das Wetter wird, wie ein normaler Tag aussehen wird, welche Küsten besucht werden? Was soll man mitnehmen?

Ich habe eine umfangreiche Liste der wichtigsten Dinge erstellt, die man als Crew mitbringen sollte, um eine angenehme und sichere Fahrt zu haben. Ich hatte nicht all diese Dinge dabei, und das macht auch nichts. Auf See braucht man nicht viel. Als Regel gilt: Alles, was man nicht zum Leben braucht, einfach zu Hause lassen. Stauraum ist an Bord Gold wert. Man wird nicht viel haben. Wenn man sich bereits für ein Boot entschieden hat (und sich dessen sicher ist), bevor man seine Heimatbasis verlässt, fragt man besser, was bereits an Bord ist, damit man es nicht mitbringen muss. Was Boote normalerweise aber nicht immer für die Crew bereithalten: Handtücher, Bettzeug und eine Schwimmweste. Was Boote manchmal für einen bereithalten: Schlechtwetterausrüstung und eine Stirnlampe. Zunächst folgt jetzt eine Liste, damit man sie leicht abhaken kann. Im Anschluss dann einige Kommentare zu den einzelnen Punkten, damit man herausfinden kann, ob die Sachen für einen notwendig sind oder nicht.

Die Packliste
* *Reisegepäck:*
Seesack, wasserdichter Tagesrucksack, verschiedenfarbige Taschen zur Aufbewahrung.

* *Sicherheit:*
Schwimmweste, persönliches AIS oder GPS.

* *Kleidung:*
1 wasserdichte Jacke und Hose
1 Paar Handschuhe
1 Pullover
2 T-Shirts
1 langärmeliges Hemd
1 Tanktop
2 schnell trocknende Shorts
7 x Unterwäsche
1 lange atmungsaktive, schnell trocknende Hose
Thermounterwäsche oder Leggings
2 Paar warme Socken
1 warme Mütze und 1 Beanie
1 x Kleidung zum Schlafen
1 Satz anständige Kleidung für den Landgang
1 x Badekleidung

- *Für Frauen:*
1 Sport-BH oder Oberteil
Haarbänder und Haarspangen
Menstruationstasse/Tampons

- *Schuhe:*
1 Paar Flipflops oder Sandalen
1 Paar Deckschuhe
1 Paar Wanderschuhe
1 Paar Laufschuhe

- *Sonnenschutz:*
Sonnenschutzmittel
Lippenbalsam
Sonnenbrille (polarisiert)
1 Kopftuch
1 Mütze oder Hut
1 Mützenleine

- *Technische Ausrüstung:*
ein SIM-entsperrtes Telefon plus Ladegerät
E-Book-Reader
12 V-USB-Ladegerät
Kopfhörer
Kopflampe
Taschenlampe
Taschenmesser
Universaladapter
eine einfache Armbanduhr

- *Toilettenartikel und Schlafen:*
Handtuch und Bettwäsche
Ohrenstöpsel

Schlafmaske
Schlafsack
Multifunktionale All-in-one-Seife
Zahnbürste
Puder, Creme und Zahnstocher
1 Schrubber
1 Schwamm

• Gesundheitskit:
Tabletten gegen Seekrankheit
Nahrungsergänzungsmittel
Mineral-Elektrolytlösung
Lebensmittel und Snacks, die man mag
persönliche Medikamente
Brille
Ersatzbrille und Kontaktlinsen

• Unterhaltung:
Taucherbrille und Schnorchel
1 Gesellschaftsspiel für an Bord
3 Taschenbücher
Musik und Podcasts

• Papierkram und Geld:
gültiger Reisepass und gegebenenfalls Visum
Bargeld
Debitkarte
Kreditkarte
Nachweis über Impfungen
Nachweis über eine Weiterreise

• Weitere nützliche Dinge:
wiederauffüllbare Wasserflasche

Wasserfilter
1 Notizbuch und 1 Stift
1 Nähset

• *Auch cool:*
die Flagge des eigenen Landes
Bilder von der Familie und Freunden
Hängematte fürs Boot und zwischen den Palmen
1 USB-Solarladegerät
GPS-Gerät

Seesack

Sofern es sich nicht um einen riesigen Katamaran handelt, bietet ein Boot keinen Stauraum für einen Hartschalenkoffer. Ein wasserdichter Seesack ist ideal, wenn man ihn klein zusammenfalten kann. Ein 50- bis 70-Liter-Seesack ist eine gute Größe. Je kleiner, desto geschickter packt man.

Tagesrucksack

Ein 20 bis 25 Liter großer wasserdichter Tagesrucksack ist gut für Tageswanderungen und Einkäufe. Er ist auch bei Fahrten mit dem Schlauchboot vom Boot zum Ufer hilfreich, um Dinge wie Laptop oder Kamera trocken zu halten.

Aufbewahrungstaschen

Wahrscheinlich hat man nur einen kleinen Schrank oder eine Schublade, um seine Sachen zu verstauen. Es ist hilfreich, verschiedenfarbige nicht knisternde Taschen zu haben, die man auf einem Boot, das ständig schaukelt und auf dem normalerweise immer jemand schläft, leicht zu finden sind. Vor ein paar Jahren hat mir meine Mutter ein paar Baumwolltaschen genäht, die ich immer noch als Reisetaschen verwende. Eine Tasche für Hemden, eine für Shorts, eine für Elektronik, eine für Bikinis und eine für Unterwäsche. Danke, Mama! Sie lassen sich auch leicht aus einem alten T-Shirt herstellen.

Wasserdichte Box

Elektronik ist nicht für das Leben auf dem Meer gemacht. Es braucht nur eine Welle und eine nicht richtig geschlossene Luke, um das eigene Telefon, den Laptop oder die Festplatte zu zerstören. Außerdem wird es auf dem Boot leicht feucht und salzig, sodass man Elektronik gut schützen sollte. Die Investition in eine wasserdichte Tasche lohnt sich. Aus Reis und Stoff kann man feuchtigkeitsabsorbierende Beutel herstellen, die man in der Nähe der Ausrüstung anbringen kann, um die Feuchtigkeit aufzusaugen.

Schwimmweste

Eine seetaugliche Schwimmweste unterscheidet sich von der, die man auf der Fähre oder unter dem Flugzeugsitz zur Verfügung hat. Die auf Segelbooten verwendeten sind fortschrittlich und teuer. Normalerweise sind zwei oder drei Schwimmwesten an Bord. Für zusätzliche Crewmitglieder müssen zusätzliche gekauft werden. Skipper stellen sie häufig zur Verfügung, aber nicht immer. Man sollte sich vergewissern, dass eine Weste für einen an Bord ist. Am bequemsten ist es, wenn es die eigene ist. Wer vorhat, oft zu segeln, sollte selbst in eine Weste investieren. Man wird sie während einer Hochseepassage Dutzende von Stunden tragen (während der Wachen und bei Arbeiten auf dem Vordeck). Es gibt sie in allen Arten und Größen. Rettungswesten werden nach ihrer Schwimmfähigkeit eingeteilt. Eine 150N-Weste (N steht für Newton und bezieht sich auf die Schwimmfähigkeit) ist der Mindeststandard für Hochseesegler.

Rettungswesten sollten mindestens ein Licht, einen Reflektor und eine Spritzschutzhaube haben. Außerdem sollten Gurte an Bord sein, damit man sich selbst sichern kann. Wenn man vorhat, mit einer Rettungsweste zu fliegen, sollte man sich im Voraus mit der Fluggesellschaft in Verbindung setzen, um die Genehmigung für das Mitführen einer Rettungsweste zu erhalten.

Persönliches GPS

Ein persönliches Ortungsgerät ist eine kostengünstige Möglichkeit, die Standortverfolgung und Notfallrettung sicherzustellen, alles für den unwahrscheinlichen Fall, dass man auf See oder irgendwo anders verloren geht. Dies kann sinnvoll sein, wenn man allein unterwegs ist oder nach dem Segeltörn Länder auf eigene Faust erkunden will.

Einige Yachten verfügen über *Personal Locator Beacons (PLB)*, das sind Geräte, die man in der Tasche tragen kann. Wie die EPIRB, sind auch die PLBs auf dem Boot registriert. Nur sehr wenige Boote bieten allerdings diese Geräte an, denn sie sind teuer.

Handschuhe

Ich hatte nie Handschuhe, und ich dachte auch nicht, dass ich mal welche bräuchte, es sei denn, ich wäre ein Segelprofi. Dann habe ich mir den Finger in einer Winde eingeklemmt und gemerkt, dass es gut gewesen wäre, Segelhandschuhe getragen zu haben.

Taschenmesser

Ein Taschenmesser oder Yachtmesser kann zum Befestigen, Schneiden, und reparieren sehr nützlich sein. Boote haben natürlich Werkzeuge; es ist deshalb kein Muss. Aber wer weiß, vielleicht rettet es einem im Notfall das Leben. Wenn man ein Messer einpackt, dann eines mit einer Klinge, die zumindest teilweise gezahnt ist – damit lassen sich Taue und Leinen viel besser schneiden. Das Messer sollte in der Lage sein, ein einen Zentimeter dickes Kunststoffseil zu durchtrennen.

Das Wetter kann sehr unterschiedlich sein: von eisiger Kälte und Nässe bis hin zu tropischer Hitze. Entsprechend vielseitig sollte die Kleidung sein, die man mitnimmt. Man muss in der Lage sein, warm und trocken zu bleiben. Eine Seglerjacke und -hose für schlechtes Wetter wäre am bequemsten. Wenn man nicht gerade auf einem Regattaboot unterwegs ist oder ein Abenteuer in hohen oder niedrigen Breitengraden erleben will, reichen eine normale Regenjacke und eine Regenhose sowie warme Kleidung aus. Niemand interessiert sich dafür, wie man auf See aussieht.

Am besten man entscheidet sich für bequeme, schnell trocknende und atmungsaktive Stoffe. Wir können an Bord wie Hippies aussehen, aber für Landgänge sollte auch vorzeigbare Kleidung mitgenommen werden. Ein langärmeliges Hemd ist ein guter Schutz vor der Sonne – die Wahl sollte auf ein weißes, luftiges Hemd fallen, das mit einer Kapuze noch besser vor der Sonne im Nacken schützt. Eine Mütze sollte in keinem Fall vergessen werden – zum Wärmen in der Nacht, plus eine Cap, um das Gesicht vor der Sonne zu schützen.

Die Schuhe im Gepäck müssen nicht unbedingt segelspezifische Schuhe sein. Ich habe meine Mehrzweck-Laufschuhe zum Segeln, Gehen, Laufen, Tanzen und für alles Mögliche verwendet. Sie erfüllen ihren Zweck bestens. Man sollte nur daran denken, dass Schuhe nasse und salzige Bedingungen möglicherweise nicht überstehen. Außerdem erlauben nicht alle Skipper, dass man an Land die gleichen Schuhe trägt wie an Deck. An Deck sind eigentlich schwarze Sohlen tabu, weil sie Streifen hinterlassen.

Sonnenschutz

• Mütze
Eine Mütze ist ein Muss. Eine Mützenleine ist Neptuns größte Erfindung. Das ist eine Klammer zwischen der Mütze und einem T-Shirt, die verhindert, dass die Mütze ins Meer fällt.

• Sonnenbrille
Polarisierende Sonnenbrillen sind auf See von Vorteil, um tiefer, schärfer und klarer zu sehen. Man kann die Delfine, die unter Wasser am Bug schwimmen, besser sehen. Ein Band verhindert, dass die so wichtige Sonnenbrille über Bord geht.

• Lippenbalsam
Ich dachte, Lippenbalsam sei Unsinn, bis ich tatsächlich Blasen an meiner Lippe bekam.

- Bandana

Ein Bandana war ein weiterer Lebensretter. Ich hatte ein Mehrzweck- Stirnband-Schal-Bandana-Ding, um meinen Kopf vor der Sonne zu schützen, um nachts warm zu bleiben und um mir bei Wind die Haare aus dem Gesicht zu halten. Es sorgte dafür, dass ich nach einem Segeltörn wenigstens noch ein paar Haare übrig hatte. Man kann es auch gut um den Hals legen, wenn es kalt ist.

- Persönliches Bimini

Ein großer Hut ist ein ausgezeichneter Schutz gegen die Sonne. Ich hatte keinen, aber ich wünschte, ich hätte einen gehabt, besonders auf Booten ohne Bimini, denn er bewahrt einen davor, sich in einen Hummer zu verwandeln.

- Sonnencreme

Unbedingt eine gute, meerestaugliche Sonnencreme einpacken.

Technische Ausrüstung

- Ein SIM-entsperrtes Telefon und Ladegerät. Ein solches Handy ist sehr praktisch, damit man lokale SIM-Karten verwenden kann. Das kann einem eine Menge Roaminggebühren und unsoziale Zeit in der WLAN-Bar ersparen. Es sollte aber gut mit einer wasserdichten Hülle geschützt sein.

- Film und Fotografie

Erinnerungen lassen sich am besten in Gedanken festhalten – aber mit einer Kamera kann man schöne Erinnerungen schaffen, auf die man später zurückblicken kann. Die Ausrüstung sollte ebenfalls gut geschützt sein.

- Laptop

Wenn man einen Laptop mitnimmt, sollte man ihn mit einer wasserdichten Tasche vor Feuchtigkeit schützen. Man kann ihn oft, aber sicher nicht immer, aufladen.

- Musikgerät und Kopfhörer

Musik, Podcasts und Hörbücher können eine lange Reise angenehm machen. Ohrhörer oder Kopfhörer sollte man mitbringen, damit man die anderen Passagiere nicht stört.

- E-Book-Reader

Ein E-Book-Reader ist praktisch, weil man damit eine Bibliothek an Bord hat. Aber natürlich geht nichts über ein echtes Buch.

- Aufladegerät

Eine kleine tragbare Batterie oder ein Solarpanel-Ladegerät könnten hilfreich sein. Normalerweise ist das Aufladen von Handys und Tablets kein Problem. Dafür benötigt man ein 12-V-USB-Ladegerät. Diese sind an Bord sehr beliebt, daher kann es hilfreich sein, ein eigenes mitzubringen.

- Stirnlampe

Es ist hilfreich, eine eigene Stirnlampe zu haben, um zu lesen und um in der Nacht aufstehen zu können, ohne jemanden zu wecken. Besonders geeignet ist eine Stirnlampe mit roter Nachtwächter-Option – helles weißes Licht blendet die Mitreisenden.

- Universaladapter

Je nachdem, wohin man segelt, benötigt man unterschiedliche Adapter. Europa, die Karibik und der amerikanische Kontinent haben ganz unterschiedliche Steckdosen. Ein Multiadapter ist da sehr hilfreich.

- Armbanduhr

Auch wenn man hoffentlich völlig den Überblick über die Daten und Zeit der realen Welt auf der Reise vergessen wird, die Routine an Bord wird von der Uhr bestimmt. »Wie spät ist es?« ist eine der häufigsten Fragen. Eine Uhr ist auch praktisch, um alle 10 bis 15 Minuten einen Alarm zu stellen, damit man sicher sein kann, nicht irgendetwas zu vergessen.

Toilettenartikel und Schlafsachen

- Handtücher und Bettzeug sind häufig vorhanden. Nicht immer, daher empfehle ich, mindestens ein Handtuch und einen Kopfkissenbezug und ein Laken mitzubringen. Den eigenen Schlafsack sowieso.

- Ohrstöpsel
Gute Ohrstöpsel können helfen, die Geräusche auf dem Boot zu dämpfen.
- Eine Schlafmaske kann helfen, besser zu schlafen. Man wird dann nicht vom Tageslicht geweckt.
- Seife und Shampoo
Welches Bodyshampoo man auch immer mit an Bord nimmt, man sollte bedenken, dass alles ins Meer abfließt. Deshalb sind biologisch abbaubare Produkte die beste Wahl. Eine Multifunktionsseife ist eine intelligente Lösung. Damit kann man dann auch Kleidung waschen.
- Waschzeug
Ein Schwamm oder ein Waschhandschuh sind praktisch, um sich schnell waschen zu können.
- Zahnpflege
Eine gute Zahnbürste plus Zahnpasta und Zahnstocher gehören ins Gepäck, um Zahnprobleme an Bord zu vermeiden. Mundspülung braucht man nicht, da ist das Meerwasser ideal. Ich schwöre auch darauf, morgens als Erstes die Zunge mit einem Zungenkratzer zu schaben, eine ayurvedische Praxis, die einem hilft, seine Gesundheit zu bewahren.
- Haarbänder und Haarspangen
Es sollte etwas mitgebracht werden, um das Haar zu fixieren. Sonst liegen überall Haare herum. Der Wind und die salzige Luft zerstören das Haar, weshalb es zur Sicherheit immer zusammengebunden sein sollte.
- Menstruation. Eine Menstruationstasse oder wiederverwendbare Binden sind eine praktische und meeresfreundliche Lösung.

Gesundheitspaket

- Seekrankheit
Mittel gegen Seekrankheit sind in Form von Tabletten, Pflastern und Armbändern erhältlich und sollten mit an Bord genommen werden.

Scopolamin ist der Wirkstoff, der nach Meinung vieler am besten wirkt, aber auch Nebenwirkungen hat, also hier besonders auf die korrekte Dosierung achten. Auch ein Antihistaminikum kann hilfreich sein. Beides kann dazu beitragen, die ersten ein oder zwei Tage der Reise angenehmer zu gestalten. Wenn man wirklich Angst davor hat, seekrank zu werden, sollte man sich Pflaster besorgen. Sie sind stark und wirken ein paar Tage lang. Ich kenne viele Segler, die sie nutzen. Ich persönlich mag sie nicht. Ich ziehe die Seekrankheit den Nebenwirkungen vor (trockener Mund, Schläfrigkeit, Angstzustände, Müdigkeit und Niedergeschlagenheit). Außerdem weiß ich jetzt, dass ich ein kompetentes Besatzungsmitglied sein kann, auch wenn ich seekrank bin. Man muss herausfinden, was für einen selbst und das Schiff am besten funktioniert. Das Medikament seiner Wahl gegen Seekrankheit sollte man austesten, bevor man an Bord geht. So kann man feststellen, ob man mit den möglichen Nebenwirkungen zurechtkommt.

• Nahrungsergänzungsmittel
Eine glückliche Mannschaft ist eine gut versorgte Mannschaft. Gut ernährt zu sein, bedeutet für jeden etwas anderes. Das Essen an Bord wird gemeinsam eingenommen, und man sollte mitbestimmen können, was auf den Tisch kommt. Außerdem sollte man versuchen, die anderen Mitsegler nicht zu sehr zu belasten. Wenn man also einen besonderen Geschmack hat, bringt man am besten seine eigenen Waren mit, damit man zufrieden ist. Die Vorbereitung macht den Unterschied. Auch wenn man eine Glutenunverträglichkeit hat, Vegetarier oder Veganer ist, macht es Sinn, etwas vorzubereiten. Zudem sollte ein gutes natürliches Multivitaminpräparat mitgenommen werden.

Die Lebensmittel an Bord sind vielleicht nicht so gesund, wie man es gewohnt ist. Vor allem, wenn man auf See unterwegs, erhält man weniger Vitamine und Nährstoffe aus der Nahrung, da diese nicht frisch sind. Man wird das ganz sicher überleben, aber wenn es nötig ist, sollte man ein Nahrungsergänzungsmittel nehmen, um bei Kräften zu bleiben. Zudem helfen Tropfen oder Tabletten mit Vitamin C und Elektrolyten, wenn man sich dehydriert oder seekrank fühlt. Dehydrierung kommt auf See sehr leicht vor.

Sehr zu empfehlen ist auch Kokosnussöl, ein unglaublich vielseitiges Gesundheitsmittel und Pflegewunder. Es kann als Feuchtigkeitscreme für das Gesicht, Sonnenschutzmittel, Mundwasser, Zahnpasta, Haarmaske, Infektionsbekämpfer und vieles mehr verwendet werden. Man sollte sich dabei für kaltgepresstes Öl und eine biozertifizierte Marke entscheiden. Einige nicht zertifizierte Marken werden mit Kokosnüssen hergestellt, die von versklavten und missbrauchten Affen gepflückt werden.

Außerdem sollte man genügend von den Medikamenten mitnehmen, die man regelmäßig einnimmt. Es kann sein, dass sie auf der anderen Seite des Ozeans nicht zu bekommen sind.

Spielzeug und Unterhaltung

Auf einigen Segeltörns habe ich meine Kitesurf-Ausrüstung mitgehabt, auf anderen meine Sachen fürs Freitauchen. Dabei muss man den Skipper im Voraus fragen, ob es an Bord genügend Platz für diese Dinge gibt. Für ein Schnorchel-Set ist eigentlich immer genügend Raum.

Papierkram und Geld

Ein Reisepass ist das Einzige, was man *wirklich* benötigt, um in ein neues Land einzureisen. Es sollte geprüft werden, ob der eigene Reisepass nach der Ankunft noch lange genug gültig sein wird. Einige Länder verlangen eine Gültigkeit von 90 bis 180 Tagen bei der Ankunft. Auch eine Passhülle könnte eine gute Idee sein. Ich glaube, wenn mein Pass noch einmal nass wird, lassen sie mich nicht mehr irgendwo einreisen. Dieses offizielle Dokument sollte also unbedingt geschützt sein. Was man außerdem über Geld und Papierkram wissen sollte:

• Geld
ATMS funktionieren oft nicht an abgelegenen Orten und oft auch nicht mit Debitkarten. Man sollte deshalb eine Kreditkarte und Bargeld mitnehmen.

• Nachweis von Impfungen
Es sollte geprüft werden, ob man für das Land, das man besuchen möchte, einen Impfnachweis benötigt. Wenn man zum Beispiel eine Reise nach Mittel- oder Südamerika plant, benötigt man einen Nachweis über eine Gelbfieberimpfung.

• Nachweis der Weiterreise
Möglicherweise wird man bei der Ausschiffung nach einem Nachweis für die Weiterreise gefragt.

• Visum
Es sollte im Voraus geprüft werden, ob man ein Visum beantragen muss.

Nützliche Dinge

• Filterflasche
Das Wasser aus dem Tank an Bord ist oft zum Kochen von Tee und Kaffee geeignet, aber nicht immer zum Trinken. Ich bin überrascht, wie viele Boote immer noch keine Wasserfilter haben. Wenn man sich für ein Boot entschieden hat, das nicht über einen Wasserfilter verfügt, um Wasser trinkbar zu machen, muss man sich eine Wasserfilterflasche besorgen. Eine persönliche Filterflasche ist dabei nicht nur auf einem Boot sinnvoll, sondern auch auf Reisen in Regionen, in denen das Leitungswasser nicht immer trinkbar oder mit Chlorid belastet ist. So erspart man sich den Kauf von Wasserflaschen und die Entstehung von Einwegmüll.
Eine wiederverwendbare Flasche ist ebenfalls praktisch für die Mitnahme an Bord und an Land.

• Notizbuch und Stift
Man wird viel Zeit zum Nachdenken haben, und die salzige Luft wird einen auf neue Ideen bringen, also unbedingt ein Notizbuch

einpacken. Der eigene Geist wird sich mit all den tiefblauen Gedanken, die man haben wird, erweitern. Es ist gut, Tagebuch zu führen und aufzuschreiben, was man sieht, hört, fühlt, schmeckt, denkt und tut. Auch ein Stift ist nützlich. Manche Skipper mögen es nicht, wenn ihr Stift den Navigationsplatz verlässt. Nützlich ist außerdem eine wiederverwendbare Tasche, mit der man beim Einkaufen einen positiven Unterschied machen kann.

Meeresfreundliches Packen

Wir haben uns daran gewöhnt, die einfachsten und billigsten Sachen zu bekommen, ohne wirklich zu hinterfragen, welchen Weg diese Dinge genommen haben, um zu uns zu gelangen. Oder welchen Weg sie nehmen, wenn wir sie wieder entsorgt haben. Viele von uns haben die richtigen Absichten, aber in unserem Leben ist Bequemlichkeit die vorherrschende Norm. Dabei können wir bereits mit der richtigen Vorbereitung und einer nachhaltigen Art zu packen einen wichtigen Beitrag zum Schutz des Meeres leisten. Wenn man nämlich gut ausgerüstet ist, kann man in vielerlei Hinsicht positive Veränderungen bewirken. So können wir mehr tun, als nur für uns selbst leicht, kompakt und zielgerichtet zu packen. Schließlich ist unsere größte individuelle Macht die Möglichkeit der Wahl.

Wir können zu einem großen Teil wählen, was wir essen, trinken, anziehen, glauben, sagen, tun, erschaffen und kaufen. Jede Entscheidung hat ihre Konsequenzen, gute oder schlechte. Wir sollten unser Bestes tun, damit jede Entscheidung, die wir treffen, gut für uns und den Ozean ist. Wer sich nicht sicher ist, was die beste Wahl ist, sollte mehr Fragen stellen, recherchieren, forschen und herausfinden, was jeder von uns zum Schutz der Meere tun kann. Wie können wir klug und preisgünstig packen und gleichzeitig unsren CO_2-Fußabdruck, unsere Müllspur und die Anzahl der Chemikalien, die die Umwelt und unseren Körper belasten, minimieren?

Das Windgeschwindigkeitsmessgerät steigt langsam an. Wir haben jetzt etwa 9 Knoten Wind. Nur mit dem Vorsegel, ein bisschen Wind und Strömung gleiten wir mit einer Geschwindigkeit von 3,5 Knoten langsam Richtung Tarifa. Ich stehe jetzt am Ruder und fahre im Zickzackkurs vor allem zwischen Freizeityachten und Sonntagsfischerbooten. Auf unserer Backbordseite zieht ein Frachtschiff nach dem anderen vorbei, das durch das TSS (Traffic Separation Scheme) fährt. Hunderte von ihnen passieren uns hier jeden Tag. Auf dem AIS können wir sehen, wohin sie fahren: Nicaragua, Mexiko, Recife, Gran Canaria, Rotterdam. Unser globales Seeverkehrssystem ist faszinierend und so umweltschädlich. Nicht nur der Treibstoff, sondern auch der Lärm richtet großen Schaden an. Motorengeräusche dringen unter Wasser viel weiter als in der Luft. Dieser Lärm belastet die Meeresbewohner[1] und stört ihre akustischen Signale, die sie zur Kommunikation, zum Auffinden von Nahrung und zur Navigation nutzen. Ein wichtiger Grund, auf lokale Produkte zurückzugreifen und die Transportkosten für unseren Konsum zu senken.

Kreativität und Erfindungsreichtum sind angesagt, wenn man die umweltschädlichen Transportwege über unsere Meere nicht weiter unterstützen und die eigene Welt der Dinge nachhaltiger und gleichzeitig erschwinglicher gestalten möchte.

Ich schaue bei meinem gesamten Segelgepäck immer, was ich wiederverwenden, leihen, tauschen, gebraucht kaufen oder selbst herstellen kann. Und ich kaufe nichts Neues, wenn es nicht sein muss. Einfach in der Lokalzeitung, in Secondhandläden, Facebook-Gruppen, Segelgeschäften und möglichst viel aus zweiter Hand kaufen. So schützen wir Ressourcen und reduzieren den Verpackungsmüll.

---

[1] *Evidence for ship noise impacts on humpback whale foraging behaviour.* Blair H. B., Merchant N. D., Friedlaender A. S., Wiley D. N. & Parks S. E. 7, 2016, Biol. Lett. , Vol. 12.

Nachhaltig Packen bedeutet leicht packen. Das spart dem Boot, den anderen Besatzungsmitgliedern und einem selbst eine Menge Energie – und Geld. Was braucht man wirklich für die Reise und die Zeit am Ziel? Wenn man in Schichten packt, braucht man nur eine Jacke, einen Pullover und ein paar Hemden. Packt man schwer und merkt dabei, dass das nicht praktisch ist, sollte man einen Teil der Kleidung weggeben. Es gibt Leute, die sie gebrauchen können.

Um kostengünstig und meeresfreundlich zu reisen, muss man gut vorbereitet sein und einen Plan haben, wie man zu einer entsprechenden Segelausrüstung gelangt. Am besten man besorgt sich alles vor Ort und erkundigt sich in den Geschäften außerhalb des Yachthafens nach erschwinglichen Ausrüstungsgegenständen sowie nach Bootszubehör. In den belebteren Häfen werden gelegentlich Segelflohmärkte veranstaltet.

Wer bei lokalen Anbietern kauft, verkürzt die Lieferkette.

Wenn man online einkauft, sollten die Dinge, die man im Netz erstehen will, aus einem Lager in der Nähe kommen. So vermeidet man, dass ein Paket vom Flugzeug zum Schiff, zur Fähre und zum Lastwagen um die ganze Welt transportiert wird.

Auch beim Kauf der Segelausrüstung empfehle ich, die Kleinunternehmer und Kreativen zu unterstützen und damit ein Zeichen gegen den Massenkonsum zu setzen. Wir leben in einer nachfragegesteuerten Gesellschaft. Wo es eine Nachfrage gibt, gibt es auch ein Angebot. Wenn wir also die Unternehmen unterstützen, die den Wandel herbeiführen, und nicht die Lobbyisten und Profiteure, die uns auf Seite eins bei Google oder auf Augenhöhe in den Regalen präsentiert werden, können wir einen großen Unterschied machen. Wir können den guten Marken, die keine Lobbymacht und keine großen Werbebudgets haben, helfen, mit der Kraft unseres Geldes den Mainstream zu erreichen.

Wichtig ist es auch, Ausrüstung aus natürlichen Fasern und Materialien zu wählen. Nachhaltig gewonnene Baumwolle, Holz, Bambus,

Kokosfasern und sogar Seegras sind gute Alternativen zu Kunststofffasern. Allerdings sollte man nicht etwas kaufen, nur weil ein Unternehmen sagt, es sei *öko*, *nachhaltig*, *biologisch* oder *grün*. Die Begriffe sind zu Modewörtern geworden. Zertifizierungen sind ein Schritt in die richtige Richtung, aber auch sie sollten geprüft werden.

Die Industrie macht es schwer, Kunststoffe zu vermeiden. Aus Bequemlichkeit zu Plastikprodukten zu greifen, ist zur Norm geworden. Heutzutage wissen wir nicht einmal mehr, was alles aus Plastik besteht. Für die Herstellung von Polyester, Nylon und anderen synthetischen Materialien (alles Plastik) für unsere Rucksäcke, Kleidung und technische Geräte werden riesige Mengen an Erdöl und Chemikalien verbraucht. Die Shampooflasche, die ich vor zehn Jahren benutzt habe, ist immer noch irgendwo da draußen vorhanden, häufig schwimmend im Meer. Und die von sieben Milliarden anderen Menschen auch. Wir produzieren immer noch jeden Tag Plastik, und das größte Problem mit Plastik ist, dass es nie verschwindet.

Wir können unsere Plastikspuren verringern oder gar beseitigen, indem wir Alternativen wählen: Wir können versuchen, alles, was wir verwenden, essen, lagern oder einpacken, so naturnah wie möglich zu halten. Wie es einst unsere Großmütter getan haben.

Aus recycelten Materialien hergestellte Dinge sind besser als neue. Es hilft, Bewusstsein zu schaffen. Aber Recycling ist nicht die beste Lösung. Auch Recycling kostet viel Energie, und am Ende landet vieles häufig immer noch auf einem Müllhaufen. Umdenken, ablehnen, wiederverwenden, reduzieren, recyceln – und wenn es nicht anders geht: Abfall.

Den Verpackungsmüll zu reduzieren, ist immer ein sinnvoller Beitrag. Vor allem in der Kosmetikabteilung können wir eine Menge Plastikmüll vermeiden. Fast alle Toilettenartikel sind in Plastik verpackt, die nach dem Gebrauch weggeworfen werden. Man sollte sich für Haarbürsten, Haargummis, Zahnbürsten und Rasierapparate entscheiden, die aus anderen Materialien als Plastik bestehen.

Wenn man online bestellt, kann man darum bitten, wenig Verpackung und kein Plastikband zu verwenden. Generell sollte man um minimale oder besser gar keine Verpackung bitten, wo immer man hingeht.

Unbedingt sollten auch die Chemikalien an Bord reduziert werden. Reinigungsmittel, Kosmetika und Plastikprodukte sind oft mit schädlichen Giftstoffen belastet, die direkt ins Meer oder in unseren Körper gelangen. Am besten wir entfernen alle vorhandenen Papier- oder Plastikverpackungen, noch bevor wir an Bord gehen.

Auch für preisbewusste Reisende ist billiger nicht immer besser. Man sollte sich vielmehr für die haltbarere und abbaubare Option entscheiden. Langfristig ist das nämlich billiger und gesünder – für einen selbst wie auch für den Ozean. Wenn wir auf gute Qualität achten, müssen wir so schnell keinen Ersatz kaufen, egal, ob es sich um eine Reisetasche oder unseren Körper handelt.

Meine Ausstattung spiegelt daher meine Werte und meine Liebe für unseren Planeten wider. Durch bewusstes Packen können wir einen Dominoeffekt erzeugen. Wir können einen positiven Einfluss auf andere Segler und Einheimische ausüben und dazu beitragen, das Bewusstsein für Lösungen zu schärfen, um diese Welt zu einem besseren Ort zu machen.

Knoten bis Wetterkunde

Bevor man aufs Meer hinausfährt, sollte man sich mit den Grundlagen des Segelns vertraut machen. Ein Buch lesen, sich YouTube-Videos anschauen oder, wenn es das Budget und die Zeit erlauben, einen Segelkurs absolvieren. Es ist vorteilhaft, wenigstens die Grundzüge der Navigation zu kennen, das Wetter lesen zu können, die Segel bedienen zu können und zu wissen, wie UKW-Funk funktioniert und bedient wird, und natürlich – man muss einige Knoten unbedingt können.

Auch über die Grundlagen des Bootes sollte man sich informieren. Die verschiedenen Teile – Segel, Taue, Leinen, Anker – und das Leben an Bord sollte man mindestens ein wenig einordnen können. Es ist eben hilfreich, zu wissen, wovon der Skipper oder ein anderes Crewmitglied spricht, besonders in kritischen Situationen. Denn in die falsche Richtung zu steuern, wenn der Skipper »Kopf hoch!« ruft, kann gefährlich werden. Deshalb ist es besser, einiges von der Sprache der Segler zu kennen.

Auf Vorwind-Segelrouten, auf denen die Yachten mit dem Passatwind segeln, nutzen viele Boote zwei Vorsegel, eines auf jeder Seite. Anstatt gerade nach Lee zu segeln, machen sie Winkel und Halsen. Vielleicht hat das von mir ausgewählte Boot auch einen Spinnaker. Einfach mit dem Segeljargon vertraut zu sein, ist gut.

Es ist eine Reise, und man lernt auch, während man unterwegs ist. So habe ich es bisher erfahren und lerne immer noch jeden Tag Neues über das Segeln und das Leben. Selbst erfahrene Segler hören niemals auf, ihr Wissen zu verbreitern.

Segler sprechen viel über Knoten.

Auf See werden andere Maße verwendet als an Land. Sowohl der Wind als auch die Bootsgeschwindigkeit werden in Knoten angegeben. Warum Knoten? Früher, als es noch kein GPS gab, ließen die Seeleute ein Seil mit in regelmäßigen Abständen geknüpften Knoten ins Wasser, während sich das Schiff vorwärts bewegte. Nun wurde die Anzahl der Knoten gezählt, die in einer bestimmten Zeit ins Wasser gegeben wurden, das war dann die Geschwindigkeit des Bootes. Diese Methode wurde das Logbuch des Holländers genannt. 1 Knoten = 1 NM (Nautische Meile) pro Stunde. Ein Knoten misst die Geschwindigkeit und eine Seemeile die Entfernung. Seemeilen werden für die Navigation verwendet. Eine Seemeile entspricht einer Minute des Breiten- oder Längengrads.

Wenn man also eine Stunde lang 6 Knoten SOG (Speed Over Ground) fährt, ist man 6 Seemeilen (NM) gesegelt. 6 NM ist eine ziemlich gute Durchschnittsgeschwindigkeit. Wenn man mit durchschnittlich 6 Knoten von Gran Canaria nach St. Lucia (2.700 Seemeilen) segelt, benötigt man (2.700/6) 450 Stunden, also 18 bis 19 Tage. Das gilt, wenn man in gerader Linie fährt, was natürlich nicht der Fall ist. Logischerweise ist die Windgeschwindigkeit höher als die Bootsgeschwindigkeit, es sei denn, man surft auf einer Welle.

15 Knoten Wind ist eine angenehme Windgeschwindigkeit, bei der das Boot in einem angemessenen Tempo vorwärtsgetrieben wird und die Wellen nicht zu hoch sind. Auf See wird man bald mit dieser Terminologie vertraut sein. Schnell ist man auch mit der Beaufortskala vertraut, die in der Wettervorhersage häufig zur Angabe der Windgeschwindigkeit verwendet wird.

Bft (Beaufortskala)	Windgeschwindigkeit in km/h	in kn	Bezeichnungen des Seegangs
0	< 1 km/h	0 kn	Windstille, Flaute
1	1–5 km/h	1–3 kn	ruhige, gekräuselte See
2	6–11 km/h	4–6 kn	schwach bewegte See
3	12–19 km/h	7–10 kn	schwache Brise
4	20–28 km/h	11–16 kn	leicht bewegte See
5	29–38 km/h	17–21 kn	mäßig bewegte See
6	39–49 km/h	22–27 kn	grobe See
7	50–61 km/h	28–33 kn	sehr grobe See
8	62–74 km/h	34–40 kn	stürmischer Wind
9	75–88 km/h	41–47 kn	hohe See
10	89–102 km/h	48–55 kn	sehr hohe See
11	103–117 km/h	56–63 kn	schwere See
12	> 117 km/h	> 64 kn	außergewöhnlich schwere See

Echte Knoten

Eine andere Art von Knoten ist der physische Knoten. Leinen müssen fixiert werden. Die Lösung ist oft ein Knoten. Knoten zu binden und zu wissen, wann man welchen Knoten verwenden muss, ist eine der nützlichsten Fähigkeiten auf einem Boot. Bei den vielen verschiedenen Arten von Bootsknoten kann es für einen Neuling überwältigend sein.

Wozu braucht man alles Knoten an Bord?

Um zwei Seile miteinander zu verbinden, um eine Schlaufe am Ende oder in der Mitte eines Seils zu machen, um eine Festmacherleine am Steg oder die Fender am Geländer zu befestigen und für viele andere Situationen.

Die nützlichsten Knoten auf einem Segelboot sind folgende:
• Palstek

Der nützlichste Knoten auf einem Boot. Dieser Knoten lässt sich nicht lösen, wenn kein Zug ausgeübt wird.
• Klampe
Um eine Leine an einer Klampe zu befestigen.
• Webleinstek
Ein sehr praktischer Knoten, weil er schnell gemacht und leicht angepasst werden kann. Er wird zur Befestigung von Fendern verwendet.
• Achterknoten
Wird meist als Stopper am Ende der Leine verwendet, um zu verhindern, dass sie aus einem Block herausläuft.

Wenn man meint, man wisse, wie man einen Knoten macht, sollte man ihn jeden Tag 10-mal mit geschlossenen Augen üben, hinter dem Rücken und auf einem Fuß. Übung macht den Meister. Wenn man nur einen Knoten lernen möchte, sollte es der Palstek sein. Palstekknoten sind in vielen Situationen eine sichere Option. Zwei Palsteks können auch verwendet werden, um zwei Leinen miteinander zu verbinden.

Grundlagen zum Wetter

Luft bewegt sich auf natürliche Weise von Hoch- zu Tiefdruckgebieten, um den Druckunterschied auszugleichen. Ein Antizyklon ist ein Hochdruckwettergebiet, um das die Luft langsam im Uhrzeigersinn zirkuliert, während sie sich gleichzeitig auf ein Tiefdruckzentrum zubewegt. Die Segelrouten werden dadurch entsprechend beeinflusst. Im Gegensatz zu Zyklonen sind Antizyklone mit ruhigem und schönem Wetter verbunden.

Wind

Als Segler sind wir auf Wind angewiesen. Passatwinde sind das vorherrschende Muster in den niedrigen Breiten 30° nördlich und südlich des Äquators. Der Begriff basiert auf dem portugisischen *passar* (passieren) und dem italienischem passata, was auf Deutsch Überfahrt bedeutet. In der Vergangenheit ermöglichten diese Winde eine solche in kürzester Zeit und man konnte selbst verderbliche Waren schnell zu weit entfernten Orten transportieren. Bei den Passatwinden kommt der Wind in der Regel direkt von hinten. Das macht Passatrouten zu einem Downwinder und zu einer schaukelnden Fahrt. Das Boot schaukelt von links nach rechts und alles schaukelt mit. Für die effiziente Nutzung des Windes sind Rahsegel konzipiert worden, die, am Mast befestigt, für den Antrieb des Schiffes sorgen und besonders für Handelsschiffe geeignet sind.

Bei einer typischen Ozeanüberquerung liegen die Passatwinde bei 3 bis 5 Beaufort. Es kann Tage mit leichtem Wind geben, Tage ohne Wind und Perioden, in denen die Windgeschwindigkeit bis zu 6 oder sogar 7 Beaufort erreicht. Passatwinde erzeugen übrigens auch eine Strömung, die für einen Vortrieb sorgen kann.

Temperatur

Lufttemperaturen variieren je nach Breitengrad, Strömung und Monat. Wärmeres Meerwasser geht mit wärmeren Lufttemperaturen einher. Da man bei mehrtägigen Segeltörns wahrscheinlich alle Arten von Wetter erleben wird, sollte man mehrere Kleidungsschichten einpacken, damit man sich an die jeweilige Situation anpassen kann. Doch Achtung: Auf See werden in unterschiedlichen Nationen unterschiedliche Maße für die Temperatur verwendet: Celsius oder Fahrenheit. Das kann verwirrend sein.

Wellen

Man kann auf den Wellen surfen oder man kann über leicht bewegtes Wasser blicken, wie auf einem See. Wellen im Ozean sind etwas ganz anderes, und sie heißen auch anders, man nennt sie Dünung. Wenn der Wind eine gewisse Zeit lang Kraft entfaltet hat, bewegt er das Meer, was zur Dünung führt. Das Meer ist dann beständig in Bewegung, und das kann auch bei Windstille noch anhalten. Da die Dünung durch weit entfernte Wettersysteme erzeugt wird, kann der Ozean auch dann rau sein, wenn es keinen lokalen Wind gibt. Bei starkem Wind ist die Dünung meist höher. Durch lokalen Wind wird die Wellenbewegung des Meeres dagegen kaum beeinflusst.

Der Winkel der Dünung im Verhältnis zu der Richtung, in die das Boot fährt, bestimmt zu großen Teilen den Komfort an Bord. Wenn man mit der Dünung fährt, wie es beispielsweise zwischen den Kanarischen Inseln und den Kapverden üblich ist, surft man mit dem Boot auf den Wellen, was zu Höchstgeschwindigkeiten und einem aufregenden Erlebnis führt. Wenn die Dünung aus einer seitlichen Richtung kommt, kann man gelegentlich ein spritzendes Hallo von Neptun erhalten.

Ozeanischer Seegang bedeutet im Allgemeinen große, lange Wellen mit einer längeren Periode, im Gegensatz zu kurzen, kleinen Wellen mit einer niedrigen Periode im Mittelmeer, in der Karibik oder auf großen Seen. Man wird den Unterschied bemerken, wenn man zum Beispiel vom Mittelmeer oder der Nordsee in den Atlantik segelt. Ozeanischer Wellengang ist angenehmer. Der Seegang wird üblicherweise in Fuß (ft) angegeben und liegt bei einer Ozeanpassage zwischen 5 und 10 Fuß. Auch auf dem Ozean kann es Tage ohne Wellengang geben, an denen man schwimmen gehen kann. Eine Gelegenheit, die man sich nicht entgehen lassen sollte. Es kann aber auch Tage geben, an denen die Dünung 15 bis 20 Fuß oder mehr erreicht. Das ist selten, aber spektakulär. Ein weiterer Grund, sich über die Seetauglichkeit des Bootes zu informieren.

Bei konstantem Wellengang, der über einen längeren Zeitraum aus einer bestimmten Richtung kommt, kann dies eine gute Referenz sein, um zu überprüfen, ob man gut auf Kurs liegt.

Sturmböen

Auf See wird man auch mit Sturmböen konfrontiert. Eine Sturmböe ist ein plötzlicher, örtlich begrenzter starker Windstoß, auf den man sich während der Wache einstellen sollte. Sie sind häufig. Sie bewegen sich mit 20 bis 25 Knoten und meist in dieselbe Richtung wie der Wind.

Sie gehen normalerweise mit Regen und manchmal auch mit Blitz und Donner einher. Bei einer Sturmböe nimmt der Wind urplötzlich auf 25 bis 30 Knoten zu, und es kann ein paar Eimer Regen geben. Normalerweise dauern solche Windereignisse nicht länger als eine halbe Stunde.

Tropische Stürme und Wirbelstürme

Wenn sich das Meerwasser erwärmt, wird die Region anfälliger für die Entwicklung tropischer Stürme und Hurrikans. Um das Risiko zu minimieren, sollte man die Hurrikansaison meiden. Wenn die Winde in einem tropischen Tiefdruckgebiet 35 Knoten (9 Beaufort) erreichen, wird dies als tropischer Sturm bezeichnet und erhält einen Namen. Erreicht die Windgeschwindigkeit mehr als 64 Knoten (12 Beaufort), wird er zum Hurrikan.

Wirbelstürme entstehen oft zwischen 5° und 15° nördlicher und südlicher Breite des Äquators. Sie bilden sich auf dem Ozean. Sowohl die Häufigkeit als auch die Intensität von Wirbelstürmen variiert jedes Jahr erheblich.

Man kann lernen, das Wetter abzulesen, sowohl auf Karten als auch anhand von sich ändernden Wettermustern, wenn man sich umschaut. Das kann buchstäblich lebensrettend sein. Ich bin überrascht, wie viele Skipper sich vor dem Auslaufen nicht über die Wettervorhersage informieren. Sich über das Wetter auf dem Laufenden zu halten, ist die sinnvollste Präventionsmaßnahme, die man zur Risikominderung ergreifen kann. Es ist deshalb ratsam, die Wettermuster auf der geplanten Route zu studieren, und zu lernen, wie man die sogenannten GRIB-Daten, vereinfachte Wetterdatenkarten, liest. GRIB-Daten sind Dateien mit geringer Datenmenge und können daher auf See mit einer Satellitenverbindung leicht heruntergeladen werden.

Angeln

Angeln kann ein aufregender Teil des Segelns und des autarken Lebens auf dem Meer und an der Küste sein. Viele Segler fischen gerne. Es ist eine schöne Möglichkeit, seinen frischen Fisch kostenlos zu beziehen, viel besser natürlich, als ihn in Dosen zu kaufen. In den letzten Jahren habe ich jedoch mehr Angelgeräte über Bord gehen sehen, als Fische gefangen wurden. Wenn man sich zum Angeln entschließt, sollte man die richtige Ausrüstung mitnehmen, sich vergewissern, dass der Fisch nicht vom Aussterben bedroht ist, die örtlichen Vorschriften prüfen und natürlich nur das fangen, was man auch essen kann. Man kann sogar dem Ökosystem helfen, indem man einige bestimmte Arten fischt und isst, wie zum Beispiel den Rotfeuerfisch in der Karibik. Während diese zur Familie der Feuerfische gehörende Art vor zehn Jahren noch ein seltener Anblick war, ist die Population mittlerweile außer Kontrolle geraten. Fliegende Fische können manchmal ein müheloses und kostenloses Abendessen darstellen. Vom Licht angezogen, fliegen sie an Bord. Man sollte sich aber vorher einmal anschauen, wie man Fliegende Fische zubereitet.

Heutzutage haben wir eine große Auswahl an Lebensmitteln. Eine interessante Alternative zu Fisch ist für mich der Verzehr von Algen und Seetang wie Nori, Spirulina, Dulse und Seesalat. Es gibt Hunderte von essbaren Arten von Meeresgemüse. Meeresalgen sind echtes Superfood, das nur Sonne und Strömung braucht, um zu gedeihen. Nach allem, was ich gesehen, gelernt und gefühlt habe, ist Seetang meine erste Wahl für Omega-Fettsäuren. Das letzte Mal, dass ich vor fast zehn Jahren einen Fisch gefangen habe, war auch das letzte Mal, dass ich einen gegessen habe.

Überlebenswichtig

Man sollte möglichst viel über die Sicherheit auf See wissen, über die Wartung der Sicherheitsausrüstung, über Rettungsinseln, Sturmsegeln, Brandbekämpfung, Such- und Rettungsverfahren, Seekrankheit und Kommunikation auf See. Wenn man über das nötige Budget für einen Kurs verfügt, sollte man das STCW10-Zertifikat erwerben. Dabei handelt es sich um ein Sicherheitszertifikat, in dem man viel über persönliche Sicherheit und Überleben, Erste Hilfe und soziale Verantwortung an Bord lernt.

Über das Funken erfährt man etwa, wie und wann man einen Mayday-Ruf absetzt. Mayday ist ein Notruf für Situationen, in denen eine unmittelbare Gefahr für das Leben oder das Schiff besteht. Zum Beispiel, wenn das Boot sinkt, ein Feuer nicht unter Kontrolle gebracht werden kann oder jemand an Bord schwer verletzt ist. Man sollte sich mit dem Funkgerät an Bord vertraut machen, vor allem auch wissen, wie man es einschaltet.

Zweitens muss man wissen, wo sich der Notrufknopf befindet und wie er zu bedienen ist. Alle Besatzungsmitglieder sollten im Notfall in der Lage sein, ihn benutzen zu können. Bei einem Mayday-Ruf muss Folgendes gesagt werden:

MAYDAY, MAYDAY, MAYDAY

Dies ist [NAME DES SCHIFFES] (dreimal sagen)

Rufzeichen MMSI

MAYDAY

Rufzeichen MMSI

Meine Position ist [Breitengrad + Längengrad]

Art der Notlage ist [Sinken, Feuer usw.]

Ich benötige sofortige Hilfe

Wir haben X Personen an Bord

Weitere hilfreiche Informationen – Schiffstyp, Farbe, Rettungsinsel an Bord

Erste Hilfe

Erste Hilfe und Herz-Lungen-Wiederbelebung sind in jeder Situation von Vorteil, besonders aber an Bord, wo der nächste Arzt Wochen entfernt sein kann. Das Rote Kreuz bietet überall in Deutschland Erste-Hilfe-Kurse an.

Erfahrungsberichte lesen

Um eine bessere Vorstellung davon zu bekommen, was einen auf der bevorstehenden Reise erwarten kann, ist es gut, Erfahrungsberichte zu lesen und sich Videos von Leuten anzuschauen, die dort gesegelt sind, wo man hinmöchte. Die Geschichten sind unterhaltsam und geben einem eine Ahnung davon, wie es vor Ort sein wird.

- Man sollte sich über Versicherungsoptionen informieren, die das Hochseesegeln und den Aufenthalt in den Ländern abdecken, die man besuchen möchte.
- Grundlegende Ideen für Mahlzeiten und Rezepte sollten vorher recherchiert und notiert werden. Insbesondere Wissen über die Grundlagen des Backens ist an Bord gefragt. Die meisten Boote haben Öfen, sodass frisches Brot, Kekse und Kuchen an Bord viel Freude bereiten können.
- Man sollte seine Bank über die Länder informieren, in die man reisen wird. Das Abheben von Bargeld in verschiedenen Ländern kann der Bank seltsam vorkommen, sodass sie die Karte sperrt. Sinnvoll ist es daher, mehrere Bankkarten einzurichten und eine Reserve an Bargeld mitzunehmen.
- Vor der Abfahrt sollte überprüft werden, ob man seine Rechnungen für die kommenden Monate bezahlt hat.
- Man sollte alle seine Dokumente einscannen, eine Sicherungskopie online erstellen und diese auf einem USB-Stick oder Festplatte sichern.

Gesundheit

Man kann nur dann sein Bestes geben, wenn man sich gut fühlt. Als Crew ist man an Bord, um zu helfen, also bleibt man besser gesund. Neben Seekrankheit sind Sonnenbrand, Dehydrierung, Lebensmittelvergiftungen, Insektenstiche, Wunden und verunreinigtes Wasser die wahrscheinlich größten Gesundheitsrisiken an Bord.

- Ratsam ist es, vor und während des Segelns gut ausgeruht zu sein, weshalb man am Tag vor dem Auslaufen früh schlafen gehen sollte. Das klingt vielleicht selbstverständlich, ist es aber nicht, denn die Partys in der Hafenstadt sind für manche sehr verlockend.

- Wer eine bestimmte Diät macht oder an einer Allergie oder Krankheit leidet, sollte sich entsprechend vorbereiten und seine Mitreisenden informieren.
- Wer Zahnprobleme hat, sollte sich untersuchen lassen, bevor es losgeht. Auf See gibt es keine Zahnärzte, und auch an Land wird es meist schwierig sein, einen guten Dentisten zu finden.
- Man sollte eine wiederverwendbare Wasserflasche mitnehmen, um sich daran zu erinnern, dass man genug trinkt.
- Außerdem sollte eine Wasserflasche mit Filter wie gesagt zur Ausrüstung gehören, damit man immer sauberes Trinkwasser zur Verfügung hat.
- Auch eine Kappe, eine Sonnenbrille und Sonnenschutzmittel gehören ins Gepäck.

Wie sage ich es meiner Mutter?

Wenn man nicht aus dem Segelsport kommt, könnte das Segeln auf einem fremden Schiff von den Eltern/Partnern/ Kindern/Freunden als sehr riskant empfunden werden. Egal, wie erfahren oder weit gereist man ist, die Eltern möchten, dass man in Sicherheit ist. Eine sanfte und informierte Annäherung hilft, um seinen Angehörigen die Ankündigung der bevorstehenden Reise schonend mitzuteilen.

Wie kann man seinen Eltern, Freunden oder Angehörigen ein gutes Gefühl vermitteln, wenn man sich auf dieses Abenteuer einlässt? Zur Beruhigung ist es zunächst einmal wichtig, dass man seiner Familie Kontaktdaten angibt, zum Beispiel die Nummer des Satellitentelefons, die Nummer des Skippers und die Daten der übrigen Besatzungsmitglieder und ihrer Familien. Fast alle Boote, die eine Hochseepassage unternehmen, haben ein Satellitentelefon oder zumindest SSB-Funk an Bord.

Beide Systeme können Texte und E-Mails senden und empfangen, wenn man sich außerhalb des Küstenfunkbereichs befindet. Die Nutzung ist teuer, also darf man nicht erwarten, dass man zu Hause anrufen kann, es sei denn, es handelt sich um einen Notfall. Familie und Freunde können aber oft kostenlos Nachrichten an das Telefon senden, und das ist schon auch cool. Meine Eltern haben manchmal auch mit den Eltern der Skipper telefoniert. Das hat ihnen geholfen, mehr über das Seglerleben zu erfahren. Was außerdem eine beruhigende Wirkung erzielt:

- Einfach seiner Familie und/oder den Freunden zeigen, wie man das Boot orten kann. Wenn das Boot, auf dem man sich befindet, einen AIS-Transponder hat, ist man im UKW-Funkbereich auffindbar. Angehörige sollten wissen, dass das Boot vom Radar verschwinden kann, wenn man sich außerhalb des Funkbereichs befindet (+/− 50 Seemeilen von der Küste). Man möchte schließlich nicht, dass der Such- und Rettungsdienst benachrichtigt wird, weil das eigene Boot von der Karte verschwunden ist. Mütter haben das schon häufiger gemacht, und es hat sich als ein sehr teurer Anruf erweisen.
- Manche Boote haben ein Ortungsgerät, das etwa stündlich ein GPS-Signal aussendet. Manchmal haben Boote auch einen kontinuierlichen Peilsender, der online verfolgt werden kann.
- Es sollte deutlich werden, dass man alles gut durchdacht hat, dass man einen Plan hat und einen weiteren zur Absicherung.

Einer der besten Teile des Segelns ist es, abzuschalten. Und ich ermutige jeden sehr, das zu tun. Trotzdem sollte man sich ab und zu bei seiner Mutter melden. Wie aber kann man in Verbindung bleiben?

Um hohe internationale Roamingkosten oder die Abhängigkeit von WLAN-Bars zu vermeiden, sollte man eine lokale Telefonkarte (SIM) kaufen, wenn man eine Zeit lang in der Zone ist. Wenn man ein neueres Telefon hat, kann man heutzutage auch leicht E-SIMs bekommen, obwohl das oft teurer ist (und weniger Spaß macht), als in ein lokales Geschäft zu gehen, um die lokale SIM-Karten-Situation herauszufinden.

Ich empfehle dringend, die Einstellungen für Newsletter-Abonnements und -Benachrichtigungen zu ändern oder zu löschen, sonst wird man verrückt, wenn man sich wieder einloggt. Man kann einen Autoresponder für E-Mails einrichten, der andere darüber informiert, dass man eine Zeit lang nicht erreichbar ist. Das Beste: Abgeschiedenheit von allem außer der Natur.

Einkaufen, Partyplanung, Essensgewohnheiten

»Das Schöne am Meer ist, dass es nur das gibt, was man mitnimmt.«
Diese Worte des Seemanns Paul Dunn lohnen sich, im Kopf behalten zu werden.

Wie kann man sich auf den Tag der Abreise vorbereiten? Wie kann man vorsorgen? Man sollte zunächst das Boot kennenlernen. Wo befinden sich die Bootsteile, die Leinen, Segel, Schäkel, Winschen, Segelschienen und Reffs? Die Suche nach diesen Dingen ist eine Gelegenheit, das Boot zu erkunden. Ich könnte jetzt eine Liste von Bootsteilen aufzählen, aber viel besser ist es, man geht selbst auf Entdeckungsreise. Das ist Teil der Seglerfreuden. Für ein und dieselben Bootsteile kann es viele verschiedene Bezeichnungen geben. Man sollte sich mit seiner Mannschaft darauf einigen, welche Worte man verwenden will.

Es gibt so vieles an Bord, das man lernen muss und prüfen sollte, bevor es losgeht. Wo kann man sich festhalten, wenn das Boot in Bewegung ist, ohne sich selbst zu verletzen oder andere Gegenstände zu beschädigen? Welche Regeln gibt es an Deck, welche in den Kabinen?

Wer sich eine Kabine teilt, sollte mit dem Mitbewohner seine Vorlieben in Bezug auf Sauberkeit, Stauraum und Privatsphäre besprechen. Wenn möglich, wählt man sich ein Bett an der Heckseite oder in der

Mitte des Schiffes. Bugkojen können auf dem Meer sehr unruhig sein. Andererseits hört man im Bug nicht so viel Motoren oder die Geräusche des Autopiloten. Wenn etwas nicht in Ordnung ist oder sich falsch anfühlt, sollte man es mit dem Skipper besprechen, damit die Situation gelöst werden kann.

Verpflegung

Jetzt geht der Spaß erst richtig los. Die Verpflegung ist einer der wichtigsten Teile der Vorbereitung eines Segeltörns. Eine gut versorgte Crew ist eine glückliche Mannschaft. Unsere Gesundheit und unser Glücksempfinden können davon abhängen. Die Skipper haben oft alle Hände voll zu tun, um das Boot vorzubereiten, weshalb es sinnvoll ist, dass man selbst Teil des Versorgungsteams ist. Ich habe mich für zahlreiche Atlantiküberquerungen sowie für viele andere mehrwöchige Bootsfahrten eingedeckt und weiß daher, wie sehr Lebensmittel über Erfolg oder Misserfolg eines Törns entscheiden können. Eine gut organisierte Verpflegung kann viel Zeit, Geld und Abfall sparen. Hier sind einige wichtige Punkte, die ich gelernt habe.

- Man sollte gemeinsam die Ernährungsgewohnheiten der Crew besprechen, wie auch Allergien, das eigene Budget und die eigenen Vorlieben, bevor man einkaufen geht.
- Immer geradeheraus sagen, welche Lebensmittel man bevorzugt. Bei den vielen verschiedenen Essensgewohnheiten ist es schwer, auf die Vorlieben aller einzugehen. Jeder muss sich anpassen. Aber es sollte für jeden etwas Passendes dabei sein, also besser alles ansprechen. Wenn die Mitreisenden nichts von unseren Vorlieben wissen, können sie auch nicht auf sie eingehen.
- Wer zahlt? Wenn man »holländisch« reist und die Kosten teilt, was in der Regel der Fall ist, sollte man darüber sprechen, was jeder zu teilen bereit ist. Generell sollten nur die Ausgaben für Lebensmittel, die jeder mag und verträgt, geteilt werden. Denn warum sollte man 100 € mehr zahlen müssen, nur weil der Skipper sich mit Roséwein eindecken möchte?

- Wenn man Grundnahrungsmittel wie Reis, Nudeln oder Couscous kauft, besser kurz fragen, ob alle mit den weißen Körnern einverstanden sind. Hier scheiden sich manchmal bereits die Geister.

Für eine sinnvoll organisierte Essensversorgung ist es hilfreich, Essenspläne zu erstellen (beispielsweise ein Sieben-Tage-Menü) und zu kalkulieren, welche Mengen benötigt werden, wenn man sich auf eine längere Reise begibt. Geht man nämlich einfach einkaufen, ohne die Mengen berechnet zu haben, kauft man in der Regel viel zu viel. Ich habe aber auch schon oft gehört, dass die Lebensmittel lange vor der Ankunft ausgegangen sind, beides passiert, wenn man nicht akribisch plant.

Vorausdenken ist alles. In den ersten Tagen sollten keine schweren Mahlzeiten eingeplant werden. Bis alle auf den Beinen sind, ist der Appetit meist gering. Entscheidend ist es, die Grundzutaten einzukaufen, mit denen man Kochen kann. Das ist gesünder, macht mehr Spaß bei der Zubereitung, bietet Flexibilität (für das Wetter, Diäten, einen seekranken Koch usw.), und es entsteht weniger Verpackungsmüll.

Zudem sollten Lebensmittel gekauft werden, die lange haltbar sind. Je nachdem, in welcher Region man segelt, ist es nicht ganz einfach, frische Produkte vom Markt zu bekommen. Und auf dem Meer ist es natürlich komplett unmöglich. Darauf sollte man vorbereitet sein und sich mit genügend Trockenfrüchten, Nüssen und Samen eindecken. Diese Art von Lebensmitteln hält ewig und ist sehr nährstoffreich.

Wenn man auf Marmite (eine in Großbritanniens Küche nicht wegzudenkende Würzpaste), Schokolade oder verschiedene Teesorten nicht verzichten kann, das Bootsbudget dies aber nicht zulässt, sollte man sich derartige Köstlichkeiten einfach selbst kaufen. Man wird sich später dafür bedanken.

Natürlich muss man für die großen Mengen an Lebensmitteln, mit denen man an Bord zurückkehrt, Platz schaffen. Deshalb sollte man die Menge so überschaubar wie möglich halten. Die Bereitstellung ist schon kompliziert genug.

Es bringt übrigens Unglück, Bananen mit auf ein Schiff zu nehmen. Dafür gibt es viele Gründe: Besatzungsmitglieder können auf den Schalen ausrutschen, Bananen enthalten tödliche Spinnen, Fische beißen an dem Tag, an dem Bananen an Bord entdeckt werden, nicht an. Und einer weiteren Legende zufolge sind mehrere Schiffe mit Bananen verschwunden. Nicht auszudenken, welch stinkendes Methan hier freigesetzt würde, wenn die Früchte schlecht werden. Auf den Schiffen, auf denen ich war, haben wir uns immer mit Bananen eingedeckt, und wir haben es zum Glück alle auf die andere Seite des Atlantiks geschafft. Sicher ist, dass Bananen an Bord eines Schiffes die anderen Lebensmittel schneller verderben lassen. Man kann sie gut essen, wenn man Symptome der Seekrankheit hat, sollte aber darauf achten, sie getrennt von anderem Obst und Gemüse zu lagern. Empfehlenswert ist es, einige grüne Bananen mit an Bord zu nehmen, um vielleicht sogar in der zweiten Woche der Reise noch Bananen zu haben. Wenn sie schwarz werden, kann man immer noch Bananenbrot backen!

Den ökologischen Fußabdruck minimieren

Es ist wichtig, darauf zu achten, was wir ins Meer und an die Küste unseres Zielortes bringen. Die Verschmutzung ist eine der größten Herausforderungen für unsere Gesundheit und die Gesundheit der Ozeane. Der Ozean ist keine Müllhalde, und insbesondere auf den meisten Inseln sind die Möglichkeiten zur Abfallentsorgung begrenzt. Es gibt nur wenige Deponien, und die Abfälle werden oft neben der Straße abgeladen oder verbrannt.

Wie können wir als Segler am besten mit diesem Problem umgehen? Alles beginnt mit der Vorbereitung. Hier sind einige Anregungen:
- Man kauft nach Möglichkeit Produkte mit wenig Verpackung.
- Man entscheidet sich für eine Landung an einem Zielort, an dem Recyclinganlagen vorhanden sind.

- In vielen Ländern sind Plastiktüten immer noch weitverbreitet, und die Supermarktmitarbeiter geben einem standardmäßig eine mit (vor allem, wenn man sich seine Lebensmittel liefern lässt). Man sollte deshalb immer eigene Einkaufstaschen mitnehmen.
- Man sollte bewusst auswählen, was man kauft, und darauf achten, was man überhaupt mit an Bord bringt. Sinnvoll ist es etwa, in großen Mengen einzukaufen, weil so Verpackungsmaterial gespart wird. Kleinere Mengen kann man in wiederverwendbaren Behältern aufbewahren.

Papierhandtücher sind günstig und werden an Bord häufig verwendet. In vielen Fällen kann man aber auch das gute alte und wiederverwendbare Handtuch nutzen. Wenn man Papierhandtücher verwendet, sollte man ungebleichte, biologisch abbaubare Tücher ohne Tinte wählen. Tinte ist eine Art Plastik, und weiße Papierhandtücher werden meist mit Chlor behandelt, ein gefährliches Gift für die eigene Gesundheit und die der Meere.

Wer biologisch abbaubares Waschmittel verwendet, handelt bewusst. Alles fließt direkt ins Meer. Alternativ kann man auch Essig und Wasser verwenden, um das Innere des Bootes und die eigenen Haare zu reinigen

Einkäufe im Supermarkt sollten so weit wie möglich vermieden werden. Supermarktprodukte sind in der Regel in mehrere Lagen Plastik eingewickelt. Zudem sind die Waren im Supermarkt oft gekühlt und verderben dadurch leider schneller. Besser, man kauft auf dem örtlichen Markt ein. Das ist nicht nur billiger, sondern man unterstützt auch die kleine lokale Wirtschaft.

- Also immer erst mal herausfinden, wann Markttag ist.
- Den Kauf von Artikeln mit vielen Verpackungen, wie Süßigkeiten, Kekse und Tee (viele Marken verpacken einzelne Teebeutel) vermeiden. Wenn man verpackte Artikel kauft, sollte man versuchen, so viel Verpackung wie möglich am Abreiseort loszuwerden, sofern es dort Entsorgungsmöglichkeiten gibt.

- Wenn man sich Lebensmittel liefern lässt, sollte man fragen, ob die Verkäufer die Plastiktüten, Kartons und Schachteln wieder mit zurücknehmen können. Pappe kann eine Quelle für unerwünschte Bakterien und Kakerlaken-Eier sein.
- Die Wahl sollte auf Produkte mit recycelten Verpackungen fallen oder auf Verpackungen, die man selbst wiederverwenden kann.
- So viele Gegenstände wie möglich sollten wiederverwendet werden – Taschen, Behälter, Gläser, Schachteln usw.
- Holzklammern sind Plastikklammern vorzuziehen.
- Wenn man keinen Wasserfilter an Bord hat und Wasser in Flaschen kaufen muss, sollte man sich für 20-Liter-Flaschen und eine Pumpe entscheiden und nicht für Sechserpacks von 1,5-Liter-Flaschen mit einer zusätzlichen Plastikumverpackung. Wasserflaschen sind einer der größten Meeresverschmutzer.
- Es sollten Töpfe und Pfannen in der richtigen Größe für die Anzahl der Personen an Bord bereitgehalten werden, damit nicht zu viel Wasser oder Gas unnütz verbraucht wird.
- Langlebige Gemüsesorten, wie Kürbis, Knoblauch, Zwiebeln, Kohl, Süßkartoffeln, Rote Bete, Karotten, Gurken, Tomaten (eigentlich eine Frucht) und Oliven sind schnell verderblichem Gemüse vorzuziehen.
- Ideal für eine gesunde Ernährung an Bord sind Körner. Reis, Quinoa, Amaranth, Hirse, Couscous, Nudeln und Mehl (zur Herstellung von Brot, Keksen und Kuchen).
- Sehr geeignet für Segeltörns sind auch: Linsen, Erbsen und Bohnen.
- Als Konserven empfehle ich Linsen, Kichererbsen, Bohnen, Früchte, Kokosnussmilch, Mais, Gemüse, Kapern, Gurken und getrocknete Tomaten.
- Sonstiges: Cracker, Schokolade, frischer Ingwer, Kekse, Samen, Erdnüsse, Erdnussbutter, Tahini, Nudeln, Wraps und Mais für Popcorn.

144

- Ein Muss an Bord sind Kräuter und Gewürze: Basilikum, Oregano, Dill, Rosmarin, Minze, Kamille. Ingwer, Kurkuma, Paprika, Curry, Cayennepfeffer, Kreuzkümmel, Kardamom, Koriandersamen, Fenchel, Knoblauch, schwarzer Pfeffer, Muskatnuss, Chiliflocken und Zimt.
- Natürlich gehören auch Öle, Dressings und Soßen in die Bordküche, wie natives Olivenöl extra, Kokosnussöl, Apfelessig, Balsamicoessig, Zitronensaft, Nährhefe.
- Die wichtigsten Backzutaten sind Backpulver, Meersalz, Hefe, Mehl und Süßungsmittel.
- Für kleine Genüsse sind Kakaopulver, Vanille, Kokosnüsse, Kokosnussmehl und Kokosnussraspel zu empfehlen.
- Die Getränkewahl sollte neben Wasser auf Kaffee und Tee treffen. Zitronensaft oder Sirup kann das Wasser geschmackvoller machen.

Wir leben in einer Welt, in der Bequemlichkeit und Profit noch immer die Szene beherrschen. Was ist wichtiger: kurzfristige Bequemlichkeit oder die Erhaltung eines gesunden Ozeans für künftige Generationen? Als Mensch können wir die Extrameile gehen, um eine bessere Wahl zu treffen.

Mengen richtig einschätzen

Wie viel braucht man von allem? Hier folgen einige Tipps, anhand derer man berechnen kann, wie viel man einkaufen muss.

- Jeden Tag zwei Liter Wasser pro Person mindestens. Das Leben auf See dehydriert.
- Bei Obst rechnet man: 1 Stück pro Person pro Tag. Mehr ist besser.
- Gemüse sollte zu jeder Mahlzeit gehören.
- Bei Nudeln 100 Gramm (ungekocht) pro Person und Mahlzeit, bei Reis 90 Gramm (ungekocht) pro Person und Mahlzeit.
- Linsen: 60 Gramm (ungekocht) pro Person und Mahlzeit.

- Müsli und Haferflocken: 30 Gramm pro Person (eine halbe Tasse).

Die oben genannten Mengen sollte man für seine geschätzten Segeltage bereithalten und das Ganze für das Risikomanagement mit 1,5 malnehmen. Man sollte dabei sicherstellen, dass man genug hat, aber auch vermeiden, dass Lebensmittel verderben.

Eine Paprika, acht Äpfel, viele Zwiebeln. Wir haben 1.400 Seemeilen zurückgelegt und noch 800 Seemeilen vor uns. Wir versuchen, im Durchschnitt 140 Seemeilen pro Tag zu schaffen – in dem Fall liegen noch sechs Tage vor uns. Aber wir schaffen keine 140 Seemeilen pro Tag. Der Wind ist nicht vorhanden. Wir fahren derzeit nur 3,5 Knoten – mit Motor. Das GPS zeigt uns eine voraussichtliche Ankunftszeit am 5. Dezember, 19 Uhr. Das sind noch neun Tage. Mit einer Paprika, acht Äpfeln und vielen, vielen Zwiebeln. Natürlich haben wir noch mehr Lebensmittel. Sachen aus der Dose. Und jede Menge weiße Nudeln und Reis. Wir kommen schon klar. Es ist schwierig, für eine Reise wie diese vorzusorgen. Ich habe gelernt, jeden Bissen frisches Obst oder Gemüse zu schätzen – nicht nur an Bord, sondern für den Rest meines Lebens.

Vegan oder vegetarisch

Es ist nicht einfach, sich an Bord vegetarisch oder vegan zu ernähren, wenn es sonst niemand tut, ist aber durchaus machbar. Wenn man vegan segeln möchte, sollte man besonders gut vorbereitet sein, um sicherzustellen, dass man die benötigten Nährstoffe erhält. Was sollte man mitnehmen, um gesund zu bleiben?

Viele Jahre lang habe ich mich ausschließlich von pflanzlichen Lebensmitteln ernährt und bin trotzdem bei Kräften geblieben. Ich reise mit einer Mischung aus Samen und getrocknetem Grünzeug in Pulverform (Weizen, Gerste oder was immer ich finden konnte) und füge es meinem Wasser oder Frühstück hinzu. Wir ernähren uns gut von grünem Gemüse, und auf See gibt es nicht viel frisches Grünzeug. Richtig getrocknete Lebensmittel enthalten immer noch die meisten Nährstoffe. Ein natürliches Multivitamin- und B12-Ergänzungsmittel gehört außerdem zu meinem Kraftessen. Und eine Tüte mit Nüssen (Erdnüsse, Mandeln, Paranüsse).

Gesunde Entscheidungen

Dies ist kein Kochbuch, aber auf See gesund zu bleiben, ist wichtig. Hier sind deshalb ein paar weitere Empfehlungen für eine gesunde Ernährung, die auf meiner Erfahrung, meinem bisherigen Ayurveda-Wissen und meinen persönlichen Vorlieben basieren.

- Ein Vorrat an Ingwer, Knoblauch, Kurkuma und Zwiebeln sollte an Bord angelegt werden. Diese Superfoods können gegen die (See-)Krankheit helfen, sind bei Bedarf wirksame Infektionskiller und halten lange vor.
- Besser Meersalz anstelle des billigen Natriumtafelsalzes kaufen. Meersalz hat einen hohen Mineraliengehalt, der einen bei Seekrankheit bei Kräften hält.
- Sprossen sind großartig. Und man kann den Genuss von frischem Gemüse für eine ganze Ozeanüberquerung nutzen. Sprossen sind nährstoffreiche Kraftwerke: voller Vitamine, Mineralien und Enzyme, und es macht Spaß, sie zu keimen. Linsen, Kichererbsen, Leinsamen, Sesam, Kürbis, Chia, Fenukreek und Sonnenblumen sind nur einige der allgemein erhältlichen Samen und Bohnen, die gekeimt werden können.
- Man sollte sich mit Alternativen zu weißem Zucker eindecken, wie Stevia, Ahornsirup, Melasse oder braunem Zucker. Für Nichtveganer ist Honig ein nahrhaftes Kraftpaket und oft lokal erhältlich.
- Trockenfrüchte eignen sich für den nächtlichen Snack anstelle von verarbeiteten Keksen und Süßigkeiten, die meist nur in Plastikverpackungen geliefert werden und leicht wegfliegen. Selbst

wenn es nur Rosinen sind, sind sie billig und an vielen Orten erhältlich.

Partyplanung

Es könnte eine nette Geste sein, ein paar Luxus-Lebensmittel (Schokolade) mit an Bord zu bringen und sie zu verstecken, um die Besatzung zu einem besonderen Zeitpunkt zu überraschen, zum Beispiel bei einem Meilenstein auf halber Strecke. Es ist nett, sich zu erkundigen, ob jemand an Bord Geburtstag hat, und dafür etwas Schönes vorzubereiten. Luftballons sind jedoch keine gute Idee für ein Geburtstagsfest oder eine Halbzeitparty auf See. Wind und Sonne lassen sie platzen, und am Ende landen sie im Meer.

Der Seemann und der Rum

Früher bekamen Matrosen bei der Marine täglich eine Ration Rum aus einem speziellen Fass, dem Rum Tub *(etwa fünf Esslöffel). Da die Arbeit der Matrosen hart war, erhielten sie als Unterstützung jeden Tag eine Trinkpause, eine Rumpause – oft zwischen 11 und 12 Uhr.*

»¡Buenos días, guapa!«, sagt Señor Pepe, während er von seinem Hometrainer aus in den Fernseher schaut. Er trägt ein T-Shirt mit der Aufschrift »Aquí todo es muy bueno«, was so viel bedeutet wie »Hier ist alles sehr gut«. Pepe geht von seinem Hometrainer zum Tresen, an dem sein Glas Bier steht. Bevor ich bestelle, wird mir bereits ein wilder Pfirsich zum Probieren angeboten. »Wie war es heute am Strand?«, fragt er. Ich erzähle ihm von meinem Tag und bestelle etwas Obst der Saison. Gerade genug für den Tag, damit ich morgen wiederkommen kann. Er schenkt mir ein paar Naranjas (Orangen), hebt sein Bier und sagt: »¡Salud, hasta mañana, Suzanna!« So sieht der lokale Lebensmitteleinkauf in Spanien aus. Ist das nicht fantastisch. Pepe hat meinen Tag gerettet.

Sieben Gründe, lokal einzukaufen

1.

Man macht seinen Tag perfekt! Klar kann man in den großen Supermarkt gehen, aber wer weiß, wo das Geld landet? Wenn wir vor Ort einkaufen, gehen unser Geld und unsere Wertschätzung an den lokalen Händler und bleibt in der Gemeinde. Lokale Anbieter kaufen meist bei lokalen Erzeugern in der Nachbarschaft. Das bedeutet mehr Unterstützung für die Gemeinschaft und weniger Abhängigkeit von weit entfernten Handelsketten und der Politik. Das macht einen Ort in Krisenzeiten stärker.

2.

Es ist eine Erfahrung. Die Sinne werden angesprochen, man erlebt die lokale Szene und kommt mit einer Geschichte nach Hause. Die Chancen stehen gut, dass man der einzige Kunde sein wird. Der Verkäufer wird nicht pro Stunde bezahlt, sondern nach dem, was er kauft. Und er wird alles tun, um einen glücklich zu machen, und will, dass man wiederkommt. Ein wenig Plaudern, die neuen Lebensmittel probieren und sich über die Kulturen austauschen – das macht wirklich Spaß.

3.

Man trägt dazu bei, die Identität eines Ortes zu erhalten. Jede Stadt hat Ikonen wie Señor Pepe. Nehmen wir den Eisverkäufer um die Ecke oder den Kokosnussmann, der jeden Tag am Strand spazieren geht. Sie sind Teil der Persönlichkeit eines Ortes. Wenn man sein Geld vor Ort ausgibt, gibt man dem Ort, den man besucht, etwas zurück, und das Geld wird wieder in das Reiseziel investiert. Das ist gut für die Reisenden, die in den kommenden Jahren kommen werden, wie auch für künftige Generationen.

4.

Es ist besser für die Umwelt. Lokale Anbieter kaufen bei ihren örtlichen Landwirten oder Freunden oder bauen die Lebensmittel sogar selbst an. Das bedeutet, dass wenig oder gar kein Treibstoff verbraucht wird, um eine Mahlzeit zu uns zu bringen. Ganz zu schweigen von weniger Plastik, weniger Chemikalien und weniger Umweltverschmutzung.

Unglaubliche 90 Prozent der Waren werden weltweit mit umweltschädlichen Tankschiffen transportiert. Ein großer Teil davon ist unnötig und wird durch die Nachfrage der Verbraucher angetrieben, die es entweder nicht wissen oder sich nicht um die Auswirkungen von Importen und Exporten auf die Umwelt kümmern. Wir müssen keine Papaya aus Brasilien essen, wenn in Spanien gerade Orangen-Saison ist. Was mich zu Punkt fünf bringt.

5.

Die Lebensmittel sind frischer, schmackhafter und gesünder. Okay, vielleicht wäre es schön, das ganze Jahr über Mangos zu haben, importiert aus Timbuktu. Aber das saisonale Obst aus der Nachbarschaft ist eigentlich viel gesünder und schmeckt auch besser! Eine Orange etwa, direkt von einem Orangenbaum, ist ein königlicher Genuss. Und wenn man in einem fernen Land ist, warum probiert man nicht einfach mal das seltsam aussehende Gemüse, das man überall sieht?

6.

Man weiß, woher die Lebensmittel kommen. Wenn man heutzutage ein Kind in der westlichen Welt fragt, woher die Eier kommen, wird es eher »aus dem Supermarkt« sagen als »von einem Huhn« oder »vom Bauern«. Der örtliche Verkäufer kann uns genau sagen, woher die Lebensmittel stammen und wahrscheinlich auch eine fantastische Geschichte dazu erzählen.

7.

Man trägt dazu bei, Räume und Orte zu erhalten. Es sind diese kleinen Momente des Glücks, wenn man auf endlose Sonnenblumenfelder, Palmen oder die grünsten Reisfelder blickt. Diese Momente sollten einem als Erinnerung daran dienen, dass diese schönen Landschaften, die von den örtlichen Bauern bewirtschaftet werden, nur überleben, wenn der Landwirt genug von dem verkauft, was dort wächst.

Wie lagert man Lebensmittel?

Ein paar Aufbewahrungstricks helfen, Lebensmittel zu konservieren. So sollten Obst und Gemüse in Netzen gelagert werden. Dabei sollte nichts gemischt werden. Wenn möglich, sollte man Zitrusfrüchte und Äpfel zusammen lagern, die anderen Obst- und Gemüsesorten aber davon getrennt aufbewahren. Dabei sollte das Obst und Gemüse mit einer dickeren Schale unter jenes mit einer dünneren Schale gelegt werden. Wenn sich zudem Grünpflanzen wie Salat in der Bordküche befinden, sollte man diese in eine Tüte legen und wenn möglich in den Kühlschrank. So bleiben sie feucht, und das Grün gedeiht etwas.

Um Ungeziefer und Pestizide loszuwerden, sollten Obst, Gemüse und Kräuter in einem Eimer mit Wasser und Essig gewaschen werden, bevor man die frischen Lebensmittel mit an Bord bringt. Vielleicht möchte man auch ein paar Netze vor dem Schrank anbringen, damit beim Öffnen des Schranks keine Gegenstände herausfallen.

Grundnahrungsmittel, die offen sind, sollten in luftdichten Boxen aufbewahrt werden, um Feuchtigkeit fernzuhalten. Die Lebensmittel, die reif sind und am schnellsten verzehrt werden müssen oben liegen. Eine tägliche Kontrolle, ob das Obst oder Gemüse feucht oder faul ist, ist notwendig. Ein fauler Apfel kann nämlich den gesamten Rest verderben.

»Das Problem ist nicht das Problem.
Das Problem ist deine Einstellung zum Problem.«
Jack Sparrow, Kapitän, im Film *Fluch der Karibik*

TEIL 3

An Bord

»Wir haben ein Problem!« Es ist wahrscheinlich, dass man diese Worte auf dem Boot öfter, wenn nicht sogar täglich hört. Normalerweise passiert an einem Tag so viel, dass es sich anfühlt, als wären drei Tage in einen einzigen gequetscht worden. Auf See ist kein Tag wie der andere, egal, ob man an der Küste oder auf hoher See unterwegs ist.

In diesem Teil geht es um verschiedene Aspekte des Lebens auf dem Meer. Was bedeutet es, »auf Wache« zu sein? Was passiert auf See? Wie geht man mit Menschen, Kochen, Abendessen, Geschirr, Duschen, Toiletten, Wetter, Schlaf, dem Himmel, Trägheit, Langeweile, Schwimmen, Kommunikation, Strom, Wasser, Müll und unerwarteten Situationen um? Es geht darum, das Gute und das Schlechte herauszufinden.

Tag des Aufbruchs

H eute ist es also so weit! Man hat wochen-, monate- oder vielleicht sogar jahrelang auf seinen Segeltörn hingearbeitet – und dann ist es endlich so weit. Es ist an der Zeit, sich von der großen, hyperaktiven und lauten Welt zu verabschieden und sich an den magischsten Ort der Welt zu begeben: das Meer! Eine tolle Fahrt!

> »*Ein Schiff im Hafen ist sicher –*
> *aber dafür sind Schiffe nicht gebaut.*«
> John A. Shedd, amerikanischer Schriftsteller

15. Januar 2015. Meine erste Atlantiküberquerung.
Das Leben in Las Palmas ist zu bequem geworden. Es ist an der Zeit, das Schiff von einem Wohnboot in ein Segelboot zu verwandeln. Daher wird es gestrichen, gewaschen, repariert, wieder gewaschen und noch ein bisschen repariert. Das Steuerrad kommt wieder an seinen ursprünglichen Platz. Jeder Quadratzentimeter des 44-Fuß-Boots wird mit Lebensmitteln für vier Personen und vier Wochen vollgepackt. Am Ende sind wir wie ein Frachtschiff. Zollabfertigung, check! Das Beiboot ist oben, ich habe eine letzte Runde gedreht und auch noch mit Mama

telefoniert. Die Batterien sind aufgeladen, die GoPro ist ein-
satzbereit, die Wassertanks sind voll. Der Wetterbericht sagt
20 Knoten Nordostwind voraus – perfekt! Wir tanken, und mit
unseren letzten Euros kaufen wir noch ein Eis. Jetzt müssen wir
nur noch die Achterleinen losmachen und lossegeln!

Wertvolle Tipps vor der Abreise

- Ausgiebig frühstücken und dann einige Stunden vor dem Aus-
laufen eine Tablette gegen Seekrankheit einnehmen, wenn man
befürchtet, dass man seekrank werden könnte.
- Seine Münzen ausgeben, wenn man in ein anderes Land segelt.
Ich habe monatelang Euromünzen mit mir herumgetragen, wenn
ich in Länder mit einer anderen Währung gefahren bin.
- Ein aufgeladener Kameraakku, Sonnenschutzmittel und eine
Mütze sollten bereitliegen. Denn wenn wir unterwegs sind, wer-
den unsere Hände an Deck gebraucht.
- Die Regenkleidung sollte griffbereit sein, das Bett fertig zum
Hineinspringen und die Stirnlampe aufgeladen. Denn sollte man
seekrank werden, was am ersten Tag sehr wahrscheinlich ist,
muss man dann nichts suchen.
- Ist die Wettervorhersage überprüft worden?
- Man sollte eine automatische Antwort für seine E-Mail einge-
schaltet haben, wenn man länger nicht erreichbar ist. »Lieber
Fan, ich habe mein Büro für die nächsten Monate auf ein Segel-
boot verlegt. Antworten können daher länger dauern als sonst.
Ahoi! Suzanne.«

Wache halten

Als ich anfing, nach einem Boot für die Atlantiküberquerung zu suchen, las ich immer wieder von der Aufgabe, »Wache zu halten«. Ist das so, als würde man oben im Mast sitzen und nach Eisbergen Ausschau halten? Was bedeutet es, auf Wache zu sein? Was wird von einem erwartet? Wie ist das?

Jemand kneift mich. »Suzanne, Suzanne, Zeit zum Aufpassen!« Wow, ich erwache aus einem tiefen Schlaf. Es dauert einige Augenblicke, bis ich merke, wo ich bin und was passiert und drehe mich in meinem Bett von links nach rechts. Es ist Nacht, und ich höre Wassergeräusche. Richtig, ich befinde mich mitten auf dem Atlantik, und um 3 Uhr morgens habe ich die nächste Wache. Ich habe 15 Minuten Zeit, um mich fertigzumachen, dabei bin ich noch überhaupt nicht ausgeschlafen. Ich erkunde das Bett mit meinen Händen, um herauszufinden, wo meine Stirnlampe geblieben ist. Ich vollführe akrobatische Kunststücke, um über Kerstin hinwegzukommen, die zwischen mir und dem Bettausgang liegt. Ach ja! Diesmal schaffe ich es, ihr nicht mit den Füßen ins Gesicht zu treten. Ich stehe auf dem Boden und werde sofort durch das Schaukeln des Bootes gegen die Wand geschleudert. Scheiße, ich hoffe, ich habe Steve nicht geweckt, der in der Kabine nebenan zu schlafen versucht.

Ich schalte das rote Licht meiner Lampe an und mache einen Toilettenstopp. Mit einem Fuß in der einen Ecke, mit dem anderen in der gegenüberliegenden, lehne ich mich an die Wand und klatsche mir drei Tropfen Wasser ins Gesicht, um aufzuwachen. Danach wische ich mir das Gesicht mit dem Handtuch ab, das schon seit einer Woche in Gebrauch ist und mehr auf dem Boden als am Haken hängt. Gut, ein Schritt weiter, um für die Wache bereit zu sein. Bevor ich mich hingelegt habe, habe ich meine Regenkleidung an den Haken gehängt, damit ich Kerstin nicht aufwecke. Nun ist der Haken leer, der Boden voll. Ich knie mich hin und versuche, meine Sachen einzusammeln. Wo sind meine Hose, mein Pullover, meine Jacke, meine Socken, mein Hut und meine Schwimmweste?

Ich glaube, ich habe alle Sachen. Die nächste Herausforderung: Alles anziehen, ohne die anderen zu wecken und zu viele neue blaue Flecken zu bekommen. Mit meiner übergroßen Schlechtwetterausrüstung, der Drei-Kilo-Schwimmweste und der Stirnlampe fühle ich mich bereit, zum Mond zu fliegen. Die vorherige Wache hat im Kessel Wasser gekocht. Also mache ich mir einen Tee. 15 Minuten und sechs neue blaue Flecken später komme ich im Cockpit an. Der Wind hat etwa 15 Knoten. Ein Boot ist auf 3 Uhr. Klarer Himmel. Viele Sternschnuppen. Das wars. Die vorherige Wache bringt mich aus Laufende und geht ins Bett. Ich koche einen neuen Tee, da der alte umgefallen ist.

Dies ist der Anfang der Wache. Wenn man Wache hält, ist man für das Boot verantwortlich, damit sich die anderen ausruhen können. Die Wache ist Teil des Hochseesegelns, wenn man Tag und Nacht segelt, und sich manchmal auch in Küstennähe befindet, um sicherzustellen, dass jemand das Kommando hat.

Einmal auf Wache

Suzy Zig-Zag am Ruder. Von den Kapverden nach St. Lucia müssen wir nach dem Verlassen des Hafens links abbiegen und für 2.100 Seemeilen einen Kurs von 280 Grad halten. Zum Glück haben wir Bob. Da wir viel über den Autopiloten sprechen, haben wir ihn Bob getauft. Aber auch Bob benötigt manchmal eine Pause. Er braucht Kraft und ist sowieso ziemlich laut. Also steuere ich von Hand und gönne den anderen Crewmitgliedern etwas Ruhe in ihrer Kabine. Auf dem GPS kann ich eine gerade Linie zum Ziel sehen. Wenn ich nur ein paar Grad weiter nach Norden steuere, segeln wir plötzlich Richtung Bahamas. Ich korrigiere ein wenig in Richtung Französisch-Guayana. Jetzt steuern wir auf St. Lucia zu.

Es ist bewölkt, und wir haben kein Kompasslicht. Normalerweise suche ich mir einen Stern aus, nach dem ich navigiere, um auf Kurs zu bleiben. Aber das geht ja jetzt nicht. Der Mond ist noch nicht aufgegangen, und es ist stockdunkel. Ich versuche, den Wind zu spüren und nicht zu sehr auf die Instrumente zu schauen. Ihre hellen Lichter schmerzen meine Augen und machen mich blind für alles andere. Wenn der Wind an meinem rechten Ohr entlangbläst, bedeutet das, dass ich im richtigen Winkel bin.

Wir haben beide Vorsegel gesetzt: die Genua auf der Backbordseite und ein Stagsegel auf der Steuerbordseite. Wir haben etwa 15 Knoten Wind und fahren konstant 6,5 Knoten. Ich suche den Horizont nach Booten ab, aber es ist nichts zu sehen. Ich kontrolliere das Radar auf Böen und Boote. Ich versuche nicht, Land oder Riffe zu vermeiden, denn wir sind ja mitten auf dem Meer. Alles scheint in Ordnung zu sein. Ich atme die Meeresluft ein und fühle mich langsam wach. Das Steuern hilft beim Aufwachen und ist besser, als Bob an die Arbeit zu setzen. Zwei Stunden und 45 Minuten später ist es Zeit, die nächste Wache zu wecken. Ich mache einen Logbucheintrag, notiere die

Koordinaten, prüfe das Barometer, die Windgeschwindigkeit und
füge alle Kommentare meiner Wache hinzu.

Wachen können langweilig sein. Beobachten kann aufregend sein. Wie auch immer die Situation aussieht, diesen Job sollte man ernst nehmen, denn das Leben aller hängt davon ab.

Was macht einen guten Wachhabenden aus?

Man erscheint pünktlich und in der richtigen Kleidung zu seiner Schicht. Man holt nicht sein Unterhaltungsgerät heraus, um sich die Zeit angenehmer zu machen, denn das lenkt einen nur von seiner Aufgabe ab. Man sucht alle zehn Minuten den Horizont nach Booten, Hindernissen, Böen, Lichtern und irgendwann auch nach Land ab und rechnet entsprechend vor.

Wir haben immer noch Delfine, die um uns herum im Wasser
springen. Es sieht so aus, als würden sie uns an Land führen.
Wir halsen wieder und sind alle an Deck beschäftigt, als ein
Besatzungskollege fragt: »Hat jemand das Frachtschiff auf der
Steuerbordseite gesehen?« Nein, niemand! Da taucht aus dem
Nebel auch schon ein großer Tanker auf. WENDEN! JETZT!
Regel Nummer eins: Schau dich immer um, egal, wo du bist
oder was du tust! Es kann sein, dass tagelang und wochen-
lang keine Boote zu sehen sind, und plötzlich trifft man auf
eines. Wir waren alle zu sehr darauf konzentriert, die Segel zu
wechseln.

Was macht man während der Wache?

- Man bleibt auf Kurs und trimmt die Segel, wenn der Kapitän dies als Wachaufgabe genehmigt hat.
- Man behält Windgeschwindigkeit, Windrichtung, Böen und Wetteränderungen im Auge und handelt entsprechend.
- Man muss immer darauf achten, dass man während seiner Wache nicht einschläft. Einfach aufstehen, sich einen Tee machen, einen

Ein Herzensthema
von Suzanne: Sich
gegen die Ver-
schmutzung der
Meere einsetzen.

Mit Segelboot und
Flossen zu einer
unbewohnten Insel
in Griechenland.

Delfine vor der marokkanischen Küste.

Tiefblau: Ein frisches Bad im mehr als 4.000 Meter tiefen Atlantik.

Magischer Sonnenaufgang über dem Atlantik.

Suzanne mit ihren Eltern, die sie dazu inspiriert haben, unter die Oberfläche blicken.

Beim Kochen auf kleinstem Raum ist Kreativität gefragt.

Erste Erfahrung als Kapitänin beim Segeln auf den Äolischen Inseln in Italien.

Sommer auf den Balearen: Zwischendrin bleibt Zeit, um am Ocean Nomads Projekt zu arbeiten.

Haus, Auto und zwischenzeitliches Basislager. Hier während der Covid-Quarantäne auf Lanzarote.

Algen als Superfood in den Niederlanden.

Segeln von Galicien nach Portugal mit der Ocean Nomads Community und Suzannes Hund.

Glücksmomente auf dem klassischen Schooner Twister bei Madeira.

Mit dem Schlauchboot zum Strand: Zu fuß und mit Zelten geht das Abenteuer in Portugal weiter.

Mitsegeln ist mehr als nur mitreisen – Suzanne am Steuer.

Rudern mit tierischem Passagier in Sagres, Portugal.

Momente des Glücks. Einfach, wild und frei, direkt am Meer.

Im Mast einer
28 Meter langen
Ketch auf dem
Atlantik.

Entnahme von
Wasserproben für
die Mikroplastik-
forschung.

Wie sind die Wellen zum Surfen? Wochenlang lebt Suzanne mit ihrem Van auf dieser Klippe.

Vermüllte Strände wie diese sind auf Suzannes Reisen leider keine Ausnahme.

Snack essen. Einfach alles tun, um wach zu bleiben. Daher sollte man es sich auch nicht zu bequem machen, auch nicht in einem gemütlichen Sitzsack. Denn das verleitet einen zum Einschlafen.

- Man trägt sich während und/oder nach seiner Wache in das Logbuch ein.
- Man informiert die nächste Wache über das Wetter, den Wind, eventuelle Vorkommnisse, Sorgen, andere Boote in der Nähe, die Motorensituation und alle anderen nützlichen Details, um das Boot und die Mannschaft zu schützen.
- Man benachrichtigt und/oder weckt den Kapitän, wenn man es für nötig hält. Je nach Fähigkeiten und den Befehlen des Kapitäns kann dies nötig sein bei:
  - jeglichen Bedenken oder Unsicherheiten in Bezug auf die Sicherheit des Schiffes und der Besatzung,
  - jeder großen Veränderung des Barometers,
  - Krankheit und Unwohlsein, sodass man nicht mehr in der Lage ist, weiter Wache zu halten,
  - Windänderungen von mehr als 5 Knoten wie auch Änderungen der Windrichtung,
  - größeren Kursänderungen von mehr als 15 Grad,
  - alle anderen Änderungen des Wetters oder der Situation, von denen der Kapitän wissen sollte. Dieser trägt schließlich die Verantwortung.
- Man sollte niemals ins Bett gehen, bevor der nächste Wachhabende nicht übernommen hat! Ich habe gehört, dass das auf anderen Schiffen passiert, aber das ist nicht in Ordnung. Was ist, wenn die nächste Wache wieder einschläft? Was ist mit einer Nachbesprechung?

Wachübergabe

Alles ist ruhig. Der Wind hat ein wenig aufgefrischt, und wir können die Genua jetzt auch ganz rausnehmen. Nur die dunklen Wolken hinter uns müssen wir im Auge behalten. Ich übernehme die nächste Wache. Ich schaue auf den Windmesser und sehe, dass er auf 24 Knoten gestiegen ist. Ich schalte das Radar ein und sehe viel zu viele Farben auf dem Bildschirm. Das bedeutet Hindernisse. In diesem Fall: Regen! Dann beginnt es zu regnen, und wir müssen alle Segel einholen. Dazu brauchen wir mehr Leute an Deck! Ich wecke den Rest der Besatzung: »Wir müssen sofort die Segel einholen, weil es eine schwere Sturmböe gibt.« Zehn Minuten später schüttet es wie aus Kübeln, und wir sind alle klatschnass. Das war unsere erste Sturmböe.

Wachsysteme

Wachsysteme können unterschiedlich aussehen. Für welches man sich entscheidet, hängt vom Boot, der Größe der Mannschaft, den Fähigkeiten und den Vorlieben des Kapitäns ab. Hier sind einige Beispiele, wie wir es bei meinen Atlantiküberquerungen gemacht haben:

Erste Atlantiküberquerung, Kanarische Inseln–Kap Verde, vier Besatzungsmitglieder:
- Tagsüber gab es keinen Wacheplan.
- Zwischen 20 Uhr und 8 Uhr wurde paarweise Wache gehalten.
- Jede Wache betrug vier Stunden am Stück.
- Meine Wache ging von 2 bis 6 Uhr – zwei Stunden mit Goedele und zwei Stunden mit Rudy.

Dieses System war hart, vor allem wegen der vielen Stunden mitten in der Nacht, jeden Tag.

Kap Verde–Tobago, drei Besatzungsmitglieder, nur mit Autopilot:
- Solowachen in der Nacht.
- Jeder hat vier Stunden am Stück gearbeitet.
- Meine Wache ging von 20 Uhr abends bis Mitternacht und dann wieder ab 8 Uhr morgens.

Dieses System war großartig, denn alleinige Nachtwachen sind etwas Besonderes. Dazu muss man aber sich selbst und der Mannschaft zu 100 Prozent vertrauen können. Denn niemand wird es merken, wenn man über Bord fällt. Und niemand wird wissen, dass man während einer Wache einschläft, bis einen etwas rammt.

Zweite Atlantiküberquerung, Antigua–Azoren–Palma, sieben Besatzungsmitglieder, davon sechs Wachhabende und ein Koch:

- 24-Stunden-Überwachungszeitplan.
- Wache zu zweit: ein Wachleiter, ein Wachhabender.
- Drei Stunden Arbeit, sechs Stunden Pause.
- Zwei Rotationsschemata mit jeweils drei Personen, sodass man nach 1,5 Stunden auf der Wache mit einem neuen Gesicht sprechen konnte.
- Kein Autopilot, nur Handsteuerung.

Bei diesem System gibt es jeden Tag Wach- und Ruhezeiten zu unterschiedlichen Zeiten. Das ist am Anfang hart. Nach ein paar Tagen überwiegen aber die Vorteile, da manauch Tageszeiten bewusst erlebt, die man sonst verschlafen hätte.

Dritte Atlantiküberquerung, Kanarische Inseln–St. Lucia, sieben Besatzungsmitglieder, davon jeweils sechs Wachhabende und eine Mutterwache

- Jeden Tag hatte eine Person *Mutterwache* und kümmerte sich in der Zeit um die Reinigung der Kombüse und das Essen für den Tag. Sie hatte an diesem Tag keinen anderen Wachdienst und konnte eine ganze Nacht schlafen. Diejenigen, die zur Wache eingeteilt waren, mussten sich nicht ums Kochen und Putzen kümmern.
- Der Kapitän nahm nicht an der Mutterwache teil.
- Tagsüber gab es zweistündige Einzelwachen, nachts dreistündige Wachen zu zweit in immer neuen Kombinationen, sodass man mit vielen Personen sprechen konnte.

- Die persönlichen Wachzeiten waren jeden Tag anders, was mir gut gefällt, da man so verschiedene Tageszeiten erlebt.

Das System der Mutterwache ist wirklich gut, wenn es die Anzahl der Besatzungsmitglieder zulässt. Denn es ermöglicht einem eine Pause vom Wachdienst und bringt einem eine ganze Nacht Schlaf. Nach der Wache kann man auch einfach entspannen. Als Wachhabender muss man ein paar Tage lang nicht ans Kochen oder Putzen denken, bis man wieder zur Mutterwache eingeteilt ist. Die Mutterwache macht Spaß, da man sich dann ganz dieser Aufgabe widmen kann. Vorher sollte man nur überprüfen, ob das persönliche Überwachungssystem funktioniert, und wenn man zu der Ansicht gelangt, dass man es optimieren könnte, sollte man dies melden, und zwar je früher auf der Reise, desto besser.

Vierte Atlantiküberquerung, Grenada–Antigua–Bermuda–Azoren–Falmouth, drei Besatzungsmitglieder:
- Es gab nur Einzelwachen.
- Die Wach- und Ruhezeiten waren jeden Tag zu unterschiedlichen Zeiten.

Dieses System fand ich schwierig, da wir in den sechs Stunden, die wir freihatten, hauptsächlich mit Reparaturen beschäftigt waren. Ich habe diese Solowachen dennoch gern gemacht, da sie etwas Besonderes sind. Seit dieser Überfahrt habe ich allerdings ein persönliches Ortungsgerät, da wir auch sehr raues Wetter hatten und keiner gemerkt hätte, wenn ich über Bord gegangen wäre.

Fünfte Atlantiküberquerung, Teneriffa–Dominica, 17 Besatzungsmitglieder:
- Es gab drei verschiedene Wachmannschaften mit fünf bis sechs Personen.
- Die Wache ging von 0 bis 4 Uhr und 12 bis 16 Uhr, von 4 bis

8 Uhr und 16 bis 20 Uhr oder von 8 bis 12 Uhr und 20 bis 24 Uhr.

- Es gab einen separaten Küchenplan, sodass man, wenn man nicht Wache hatte, in der Küche arbeiten konnte.

Dieser Zeitplan ist durchaus üblich und ermöglicht es einem, in einen bestimmten Rhythmus zu kommen. Man bekommt dabei allerdings immer nur die gleichen bestimmten Stunden des Tages mit. Es macht jedoch auch einfach Spaß, mit vielen Menschen zusammen Wache zu schieben.

»*All ships, all ships ...*« *Jemand berichtet über Funk von einem Boot mit schätzungsweise neun Flüchtlingen, die im Meer schwimmen. Dass wir alle bitte nach ihnen Ausschau halten mögen ... Das Wetter ist heute ruhig, was für diese Gegend nicht gerade üblich ist. Wir, die wir zu unserem Vergnügen unsere Segelträume verwirklichen, sind nicht die Einzigen, die die Straße von Gibraltar überqueren. Es sind auch diejenigen, die hier aus Notwendigkeit ihr Leben riskieren. Sie machen die gleiche Passage in umgekehrter Richtung, mit einem anderen Boot, einer anderen Mannschaft, einem anderen Ziel und einem anderen Zweck. Ein alltägliches Ereignis in der Meerenge, das mir aber das Herz bricht. Es gibt keine Zahlen über die Flüchtlinge, und nur Neptun weiß, wie viele von der Strömung mitgerissen werden. Darüber sollte man nachdenken.*

Seekrank, und nun?

Ich werde fast immer am ersten Tag auf See seekrank und gehe trotzdem gern an Bord. Wirklich, denn es lohnt sich. Seekrankheit tritt auf, wenn Körper und Gehirn nicht mehr synchron sind und das Gehirn entscheidet, dass der Körper quasi »durchgespült« werden muss. In Frankreich sagt man, dass die Seekrankheit durch die drei Fs (faim, froid, fatigue) ausgelöst wird – Hunger, Kälte, Müdigkeit. Hier kann man ansetzen.

Ich gebe dem Ufer einen Kuss, und wir werfen die Leinen los. Es ist ein guter Zeitpunkt für den Abschied, denn ab jetzt werden die Temperaturen auf den Kanarischen Inseln sinken. Also los Richtung Kapverden. Begleitet von neuen Seglerfreunden in ihren Jollen, verlassen wir den Yachthafen, der in den letzten zwei Monaten mein Zuhause gewesen ist. Es ist ein schöner Tag. 25 °C und 15 Knoten Wind aus Nordost. Zeit, die Segel zu hissen – das Groß, die Fock und den Besan. Der Yachthafen wird immer kleiner, ebenso Las Palmas. Mit dem letzten Balken Telefonempfang rufe ich meine Mutter an und merke den ersten Anflug von Unwohlsein. Seekrankheit, bitte nicht. Ich möchte meine erste Wasserprobe für das Mikroplastikprojekt nehmen. Also ziehe ich meine Schwimmweste an, klinke meine Sicherheitsleine ein und schöpfe mit dem blauen Eimer Meerwasser in die Probenflasche. Den blauen Eimer behalte ich anschließend immer in der Nähe, nur für den Fall der Fälle. Irgendwann ist Las Palmas außer Sichtweite.

Seekrankheit ist ein Phänomen, das viele Menschen an Land hält. Was ist Seekrankheit eigentlich? Was passiert, wenn man seekrank ist? Die meisten Menschen, auch Kapitäne und professionelle Besatzungsmitglieder, werden seekrank, manche stärker als andere. Das ist ganz normal, vor allem in den ersten Tagen einer Seereise.

Seekrankheit wird durch einen Konflikt zwischen dem, was man sieht, und dem, was man fühlt, verursacht. Der Körper bewegt sich, aber da es auf dem Meer keinen festen Bezugspunkt gibt, registrieren die Augen die Bewegung nicht. Es ist so etwas wie ein Kurzschluss im Gehirn. Die gängigste Theorie besagt, dass das Gehirn die widersprüchlichen Botschaften nicht auflösen kann und zu dem Schluss kommt, dass man halluziniert, da man ein Gift zu sich genommen hätte. Das Erbrechen ist daher Teil des körpereigenen Abwehrmechanismus, um die vermeintlichen Giftstoffe auszuscheiden.

Man sollte sich auf die Seekrankheit vorbereiten, da man sie so eventuell vermeiden kann. Aber selbst wenn sie auftritt, braucht man sich keine Sorgen zu machen. Denn in fast allen Fällen kann sie behandelt werden und geht außerdem vorüber. Ich habe nur einmal von einem Menschen gehört, der sie nicht überwinden konnte. Er beschloss daher, auf den Kapverden von Bord zu gehen und den Atlantik nicht zu überqueren.

Ich wollte diese Reise nicht verpassen, weil ich seekrank werden könnte. Ich wusste es vorher nicht, aber es stellte sich heraus, dass ich tatsächlich seekrank werde. An jedem ersten Tag auf See geht es los. Aber nach dem ersten oder zweiten Tag geht es mir wieder richtig gut, sogar besser als denen, die Medikamente gegen Seekrankheit nehmen. Mir geht es besser, wenn ich seekrank bin, als wenn ich die Nebenwirkungen der Tabletten spüre. Daher nehme ich sie nur, wenn es wirklich schlimm wird. Tabletten gegen Seekrankheit wirken bei den meisten Menschen effektiv. Sie machen einen allerdings ein bisschen müde und ruhig. Auch kann der Mund trocken werden.

Auf Seekrankheit vorbereiten

Man sollte an den ersten Tagen auf See immer ein Medikament gegen Seekrankheit, Ingwerbonbons, Kekse und Elektrolytlösungen bereithalten. In dieser Zeit sowie am Tag vor der Abreise sollte man sehr gesund und leicht essen. Zudem sollte man gut hydriert sein und entsprechend viel Wasser trinken. Auf Alkohol, Kaffee oder schwarzen Tee sollte man verzichten, da diese Getränke dehydrieren.

Einige Stunden vor dem Auslaufen sollte man das Medikament gegen Seekrankheit einnehmen und seine Kleidung, Stirnlampe, Sonnencreme, Wasserflasche, Kotztüte und alles, was man bei der Wache bzw. zum Schlafen braucht, griffbereit haben. Man wird mit der Wache zurechtkommen, und es wird einem auch nicht viel ausmachen, mit geschlossenen Augen auf dem Rücken im Bett zu liegen. Die Bereiche zwischen Bett und Cockpit sind die schwierigsten Zonen, wenn man sich seekrank fühlt. Man sollte immer ein paar Cracker zum Knabbern parat haben.

Seekrankheit

Zu jeder Zeit – viel trinken! In den ersten ein bis zwei Tagen auf See sollte man zudem leicht verdauliche Mahlzeiten mit Obst und Gemüse zu sich nehmen. Wenn man beginnt, seekrank zu werden, was man am Gähnen, Schwitzen und an leichten Kopfschmerzen merkt, nicht unter Deck gehen. Wer jetzt etwas trinken oder essen möchte, sollte dies vor oder zu Beginn der Wache tun, auf keinem Fall kurz vor dem Schlafengehen. Denn dann ist Erbrechen fast garantiert.

Was man außerdem tun kann:

- Hilfreich ist eine mineral- und vitaminreiche Lösung (zum Beispiel ein Elektrolytbeutel), die man seinem Wasser beimischt. So stellt man sicher, dass der Körper alles bekommt, was er benötigt.

- Kekse, Ingwerbonbons oder Bananen essen.
- Man sollte das Ruder übernehmen.
- Wann immer es möglich ist, sollte man den Horizont beobachten. Wenn man sich in Landnähe befindet, hilft es noch mehr, auf die Küstenlinien zu schauen.
- Hat man Angst, kann man diese mit Singen oder Summen vertreiben.
- Muss man sich übergeben, sollte man unbedingt auf die Windrichtung achten und auf der Leeseite brechen. Am besten lässt man sich mit einer Sicherungsleine festmachen oder hält sich an jemandem fest. Ist das nicht möglich, besser einen Eimer nehmen.
- Es kann helfen, für kurze Zeit im Cockpit zu bleiben und sich mit geschlossenen Augen ins Bett zu legen.
- Weiterhin sollte man kleine Schlucke trinken und kleine Snacks essen, um den Magen zu beruhigen und bei Kräften zu bleiben. Man kann auch das Meersalz von der Haut lecken, das voll von Mineralien ist!
- Abzuraten ist davon, sich für längere Zeit ins Bett zurückzuziehen, auch wenn einem danach zumute ist.

Wenn ein Crewmitglied seekrank ist

- Man sollte betroffenen Crewmitglieder mit Wasser und Keksen versorgen und sie nicht zu lange allein lassen.
- Seekranke sollten nicht kochen, abwaschen oder die Toilette putzen müssen. Die Zeit unter Deck sollte minimiert werden.
- Man sollte darauf achten, dass Seekranke nicht tagelang im Bett bleiben. Sie fühlen sich dadurch vielleicht besser, aber das wird ihnen auch nicht helfen, schnell wieder gesund und fit zu werden.
- Nicht vergessen sollte man außerdem, dass man nicht über das Elend anderer Leute lachen sollte. Dieses wird auch vorübergehen.

Menschen und Gewohnheiten

»Das Heilmittel für alles ist Salzwasser:
Schweiß, Tränen oder das Meer.«
Isak Dinesen (Karen Blixen), dänische Schriftstellerin

D as soziale Leben und die Dynamik an Bord können darüber entscheiden, ob eine Erfahrung positiv oder negativ wird. Denn man befindet sich für eine lange Zeit mit denselben Leuten auf engstem Raum. Jeder hat andere Gewohnheiten, Normen, Werte, Meinungen, Verhaltensweisen, Musikvorlieben und Essenspräferenzen. Im Grunde ist es ein großes soziales Experiment, vor allem, wenn man ins Ausland segelt und nirgendwo anders hingehen kann. Man lernt sich selber und die anderen Besatzungsmitglieder wirklich gut kennen. Das bedeutet, dass man manchmal mit Rammstein im Hintergrund zu Abend isst oder Essen aufgetischt bekommt, das man am liebsten über Bord werfen würde. Es geht darum, andere Menschen so zu akzeptieren, wie sie sind, ohne zu viel Aufheben darum zu machen. Man sagt, dass die Boote auf einem Törn jeden Tag einen Zentimeter kürzer werden, also sollte nicht zu sehr am Boot gerüttelt werden.

Verhalten der Crew

An Bord sind ein kluges und freundliches Verhalten sowie eine Kommunikation wie in einer Familie angesagt. Probleme und Irritationen sollten weitestgehend vermieden werden, indem man ein paar Regeln für ein friedliches Zusammenleben beachtet. Dabei ist es zunächst entscheidend, dass man an Bord klar, prägnant und präzise kommuniziert. Es geht darum, die Terminologie des anderen zu verstehen und zu Beginn eine für alle verständliche Sprache zu vereinbaren. Das ist besonders wichtig, wenn unterschiedliche Nationalitäten an Bord sind und wenn es um das Segeln geht. Denn nur so können folgenschwere Missverständnisse vermieden werden. Jeder an Bord sollte wissen, was zu tun ist, wenn der Kapitän Sachen sagt wie »loslassen«, »aufmachen«, »schlaff«, »mehr Groß« oder »weniger Fall«.

Außerdem gilt:

- In jeder Situation sollte man positiv und ruhig bleiben. Probleme in der Kommunikation sollten schnell erkannt und gelöst werden.
- Wenn man etwas nicht mag, sollte man versuchen, es zu ändern. Ist dies nicht möglich, sollte man das akzeptieren und lernen, mit dem unerwünschten Zustand umzugehen. Darüber zu nörgeln und sich zu beschweren, kostet nur Energie – die eigene, aber auch die der anderen.
- An Bord sollte nichts angefasst oder benutzt werden, bevor der Kapitän nicht erklärt hat, wie es funktioniert. Wer sich unsicher ist, sollte nachfragen.
- Seine Freunde sollte man nicht ohne Erlaubnis des Kapitäns an Bord einladen. Man selbst sollte auch nicht ungeladen auf anderen Booten erscheinen. Es ist grundsätzlich besser, vorher um Erlaubnis zu bitten.
- Man sollte sich über die Schuhvorschriften informieren, die auf jedem Schiff anders sind. Im Zweifelsfall sollte man seine Schuhe ausziehen.
- Man sollte seine Sachen bei sich tragen oder in seiner Kabine aufbewahren. Denn Boote können sehr schnell unordentlich werden.
- Man sollte auf die eigene Hygiene achten, möglichst sauber bleiben, sich die Zähne putzen und hinter sich aufräumen.

- Man sollte niemals über Bord fallen.
- Jeder Wassertropfen ist wie Gold zu behandeln.
- Beim Rauchen sollte auf die Windrichtung geachtet werden.
- Mit den Mitreisenden sollte abgesprochen werden, ob und welche Musik an Bord gewünscht ist.
- Freundlich ist, wer sich nach den Vorlieben der anderen erkundigt, wenn es um Kochen, Musik und das Teilen einer Kabine geht.
- Aufgaben wie Kochen, Geschirrspülen und Putzen werden in der Regel unter der gesamten Besatzung aufgeteilt, sofern das nicht anders abgesprochen wird. Es ist normal, dass sich Kapitäne nicht an diesen Arbeiten beteiligen, da sie schon genug Verantwortung haben. Dennoch tun sie das oft.
- Man sollte sich anpassen.
- Und das Lächeln nicht vergessen.

Zufriedenheit an Bord

Um beim Segeln auf hoher See für gute Stimmung zu sorgen, gibt es einige Möglichkeiten. Wenn man sich auf einer Passage befindet, kann man beispielsweise auf halber Strecke eine Party veranstalten. Gerade Themenpartys sind auf See sehr beliebt. Für so einen Anlass sollte man einen Vorrat an beliebten Genussmitteln wie Schokolade, Backwaren, Chips oder Popcorn anlegen. Oder man veranstaltet bezüglich der Ankunftszeit einen Wettbewerb. Dazu muss jeder zu Beginn der Reise die Ankunftszeit schätzen. Diese schreibt man auf einen Zettel und hängt ihn irgendwo an die Wand. Während des Törns sorgen die Tipps für Spannung, wer der realen Ankunftszeit am nächsten kommt. Natürlich erhält der Gewinner einen Preis. Diesen wiederum kann man während der Reise gestalten.

Vielleicht findet während des Törns auch ein besonderes Ereignis statt, beispielsweise Thanksgiving, Halloween, Sinterklaas, Weihnachten, Silvester, Karneval, St. Patrick's Day oder Koningsdag. Daraus kann man an Bord ein aufregendes Ereignis machen. Auf der EAU TOO zum Beispiel haben wir auf See Sinterklaas gefeiert. Dies ist ein niederländischer Feiertag, an dem Gedichte vorgetragen und Geschenke verteilt werden. Ich habe den Sinterklaas gespielt, Gedichte geschrieben und eine Schatzsuche organisiert. Das hat auf einige Gesichter ein Lächeln gezaubert, da es wegen des fehlenden Windes ansonsten gerade eher langweilig war.

Man kann auch einen täglichen Workout-Parcours einrichten, verschiedene Brot- oder Kuchenrezepte ausprobieren, eine Tanzparty veranstalten, ein Video mit seinem Team drehen, einen Spielabend organisieren, einen Filmabend veranstalten oder Geschichten erzählen.

Was die Moral hochhalten kann, ist ein tägliches Treffen zu einer bestimmten Zeit, zum Beispiel beim Abendessen, wenn alle wach sind. Das muss nicht lang sein, aber es ist gut, über das Wetter, das Boot, das Essen, den Abfall oder einfach lustige Dinge zu sprechen. Dies ist eine Gelegenheit für alle, mitzureden, und kann Spannungen vermeiden.

Kreativität in der Kombüse

N un ist man selbst an der Reihe in der Kombüse. Vielleicht hat man die ganze Nacht darüber nachgedacht, was es zu Essen geben könnte. Und natürlich möchte man etwas Besonderes kochen. Nun, es bläst mit 25 Knoten, die Wellen kommen im falschen Winkel, also viel Glück bei der Zubereitung des Currys, das nach langen Überlegungen geplant war.

Also weiter mit Plan B. Das Kochen auf einem Schiff ist nicht mit dem Kochen an Land zu vergleichen. Auf See müssen Rezept und Zubereitung innovativ und kreativ, aber dennoch einfach sein. Dabei sollten die richtigen Zutaten zur richtigen Zeit verwendet werden. Man muss sich zudem überlegen, welche Lebensmittel noch eine Weile halten werden und welche nicht. Vielleicht gibt es kaum noch verschiedene Zutaten. Dann muss man »mit den Riemen rudern, die man hat«, wie wir im Niederländischen sagen. Die Herausforderung besteht dann darin, trotzdem etwas Spannendes und Schmackhaftes zu zaubern. Vielleicht hat man keinen funktionierenden Kühlschrank. In dem Fall sollte man über die Konservierung von Lebensmitteln Bescheid wissen. Und das alles in einer Schräglage, wenn man Glück hat.

Fährt man jedoch gegen den Wind, dann schaukelt das Boot auch noch unaufhörlich, und nichts bleibt an seinem Platz. Man kann dann nur hoffen, dass keine große Welle kommt und dass die Person am

Steuer wachsam ist. Auch ist es wünschenswert, dass die Segel während des Kochens nicht gewechselt werden. Das könnte nämlich dazu führen, dass man in der Kombüse den Boden wischen muss und es nur Cracker als Abendessen gibt. Kochen auf einem Schiff ist eine Herausforderung und ein abenteuerliches Unterfangen.

Ein paar Ideen, um das Essen an Bord zu einem genussvollen und gesunden Erlebnis werden zu lassen: Brot, Müsli, Kekse, Joghurt und Schokolade kann man selber herstellen, was einfacher als gedacht ist. Experimentieren ist erlaubt, Spaß haben auch. Man kann Samen wie Alfalfa, Brokkoli, Rettich, Grünkohl sowie Hülsenfrüchte wie Linsen keimen lassen. Auf diese Weise hat man jederzeit eine knackig frische Nährstoffbombe zur Verfügung. Es sollte mit verdünntem Salzwasser gekocht werden, das viele Mineralien enthält und wertvolles Tankwasser spart (30 Prozent Meerwasser, 70 Prozent Trinkwasser). Kräuter und Gewürze sollten großzügig verwendet werden, denn auf See schmeckt das Essen irgendwie immer etwas weniger intensiv. Am besten mixt man sich vor der Reise ein paar Gewürzmischungen, damit man nicht jedes Mal alle Gewürztüten einzeln auspacken muss. Wer sich zu experimentieren traut, wird den Meisterkoch in sich entfesseln. In der Kombüse wird man viel Zeit zum Üben haben.

Tag 16 auf See. Aktueller Stand der frischen Lebensmittel: Wir haben noch zwei Äpfel, eine Aubergine, einen Rotkohl und eine Tomate an Bord.

Hier sind ein paar Gerichte, die Spaß machen, sich leicht zubereiten lassen und ein Lächeln auf die Gesichter der Crew-Kameraden zaubern. Man muss zwar ein wenig experimentieren, um sie zu meistern, aber dann kann man wirklich nichts mehr falsch machen.

Brot Artisanal Atlántico
Zutaten:
4 bis 6 Tassen Mehl
1 bis 2 Tassen vorzugsweise warmes Wasser
1 bis 2 Esslöffel Trockenhefe
1 bis 2 Esslöffel Salz

Zubereitung:
Zutaten mischen und kneten, bis der Teig nicht mehr nass und klebrig, aber auch nicht trocken ist. Besser zu wenig Mehl als zu viel verwenden.

Den Teig zwei bis vier Stunden auf einem mit Backpapier ausgelegten Backblech oder in einer Backform ruhen lassen. Falls man einen warmen, trockenen Maschinenraum mit Platz hat, kann man den Teig auch dorthin stellen, wo er in kürzester Zeit aufgehen wird. Hat der Teig das gewünschte Volumen erreicht, kommt er in den heißen Ofen.

Die Menge der Zutaten und das Ergebnis hängen von der Luftfeuchtigkeit, der Temperatur, dem Kneten, dem Aufgehen und der Anzahl der Versuche ab.

Tipp: Soll es pikant sein, Oregano, Knoblauch oder Zwiebeln hinzufügen. Wer es süß mag, gibt Kokosnuss, Zimt, Rosinen oder braunen Zucker hinzu.

Segelnde Sprossen
Zutaten:
Saatgut oder Hülsenfrüchte jeglicher Art
Wasser

Zubereitung:
Wasser in eine Schüssel geben und die Samen über Nacht einweichen. Am nächsten Tag gut anspülen, erneut ein wenig Wasser hinzufügen und stehen lassen. Diese Prozedur die nächsten Tage wiederholen, bis

176

die Keimlinge die gewünschte Größe erreicht haben. Man kann sie schon nach drei Tagen verwenden. Es ist aber ratsam, ein paar Tage länger zu warten, um mehr Volumen zu erhalten.

Super Power-Bälle
Zutaten:
(4–6 Zutaten auswählen, darunter etwas Süßes und Klebriges):
Haferflocken
Datteln
gemahlene Nüsse
Leinsamen
Rosinen
Kokosnussöl
Melasse
Kakao
Chiasamen
Maniokmehl
Kokosnussmehl
Kokosraspel
Zitronenschale
Banane
Erdnussbutter
Gewürze wie Zimt, Muskatnuss, Vanille und Meersalz

Zubereitung:
Ausgewählte Zutaten zerdrücken, mischen und zu einem Teig verarbeiten. Kugeln formen und nach Möglichkeit zum Hartwerden in den Kühlschrank stellen. Ein Snack während der Wache, für den man kein Gas braucht. Mein Favorit ist eine Mischung aus Datteln, Nüssen, Kokosnussraspeln, Zimt und Meersalz.

Dinner-Time

Die Worte »Das Essen ist fertig« zaubern jedem ein Lächeln ins Gesicht. Das Abendessen ist ein Höhepunkt, wenn sich ein weiterer Tag auf See seinem Ende neigt. Dutzende Male wurden wir beim Mittag- oder Abendessen von Delfinen begleitet. Das ist einer der erhebenden Momente auf der Reise und eine Erinnerung daran, warum es so wichtig ist, sich um den Schutz der Meere zu kümmern. Der Anblick dieser wundervollen Meeresbewohner motiviert einen zudem, das auch wirklich zu tun.

Dann folgt ein ganz besonderer Teil der täglichen To-do-Liste: der Abwasch! Ich habe noch niemanden kennengelernt, der gern an Bord abwäscht. Wenn man kocht und jemand anderes das Abspülen übernimmt, dann sollte man die Kombüse schon mal so gut wie möglich aufräumen.

Die Abwaschprozeduren sind auf jedem Boot anders. Da das Süßwasser begrenzt ist, muss man wahrscheinlich einen Eimer Seewasser holen. Manchmal haben Boote auch einen Salzwasserhahn, und manchmal wird das Geschirr mit Süßwasser gespült. Wasser sollte man nie laufen lassen, denn mit den Ressourcen an Bord muss sparsam umgegangen werden.

Wir holen einen Eimer Wasser aus dem Meer. Die dafür nötige Technik beherrsche ich inzwischen. Den Eimer sicher in die Kombüse zu bringen, ohne sich einen neuen blauen Fleck zu holen, ist dann eine ganz andere Herausforderung. Damit man nicht hinfällt, stellt man seine Füße in gegenüberliegende Ecken der Kombüse. Wir waschen das Geschirr in Salzwasser und spülen es mit ein paar Tropfen Süßwasser ab. Wir haben ein Geschirrtuch, bei dem ich mich wundere, dass es noch nicht vergammelt ist. Auf dieser Reise stärken wir definitiv unser Immunsystem. Wenn man nicht schnell genug abwäscht und das Geschirr wegräumt, muss man es aus dem Mülleimer holen und noch einmal von vorn anfangen. Das Boot hört wirklich nicht zu schaukeln auf.

Auf meiner dritten Atlantiküberquerung wurde besser auf die Hygiene geachtet. »Nennt mir die fünf Verwendungszwecke für ein Geschirrtuch«, forderte uns der Kapitän auf. »Geschirr, Geschirr, Geschirr, Geschirr, Geschirr – und sonst nichts. Nicht die Hände, nicht die Kombüse, das Geschirrtuch darf nur zum Abtrocknen des Geschirrs benutzt werden.«

Wenn eine Person krank ist und ihre Hände mit einem Geschirrtuch abtrocknet, kann es das ganze Boot erwischen. Deshalb sollen Geschirrtücher wirklich nur für das Geschirr benutzt werden. Ich persönlich habe noch nie erlebt, dass jemand auf einem Schiff erkrankt ist, von Seekrankheit einmal abgesehen. Ich habe jedoch von anderen gehört, die 24-Stunden-Wachen und längere schieben mussten, da alle Besatzungsmitglieder krank waren. Deshalb sollten die Hygienestandards unbedingt eingehalten werden.

Schlafenszeit

Ich bin nicht mehr auf Wache. Zeit, meinem Spitznamen Snoozy Suzy alle Ehre zu machen. Ich bin zu faul, um mir die Zähne zu putzen. Mit einem Knoblauch-Zwiebel-Geschmack im Mund, den wir inzwischen aufgrund unseres Essens täglich haben, falle ich ins Bett. Es ist so heiß, vielleicht 35 °C. Der Konstrukteur dieses Bootes hat bestimmt noch nie einen Ozean überquert, denn wir können die Luken nicht öffnen, nicht einmal am ruhigsten Tag. Dazu sind sie viel zu nah an der Wasserlinie eingebaut. Wir haben einen kleinen Ventilator. Zeit, diesen einzuschalten.

Ich wälze mich von links nach rechts und von rechts nach links. Es fällt mir schwer, meine Muskeln zu entspannen, bei all den Schiffsbewegungen, die nie aufhören. Ich muss die Strategie ändern. Mit meinem klebrigen, verschwitzten Körper drehe ich mich im Bett um 90 Grad. Das ist besser. Der derzeitige Wachhabende scheint heute faul zu sein, denn ich kann die Geräusche des Autopiloten in meiner Kabine deutlich hören, ebenso das gurgelnde Geräusch der Bilgepumpe, die das Wasser abpumpt. Ich höre auch den Wind rauschen, was ich mag. Ich höre, wie das Wasser gegen den Rumpf klatscht, das Quietschen des Baums, das Zurückschlagen der Segel, was für einen Kapitän das schlimmste Geräusch ist, da es bedeuten kann, dass die Segel beschädigt sind. Ich höre den Windgenerator. Jemand setzt den Teekessel auf.

An Bord ist in den ersten Tagen jedes Geräusch neu und ungewohnt, aber man gewöhnt sich daran. Dann, wenn der Lebensmittelvorrat zur Neige geht, hört man neue Geräusche, die den Beginn von Tetris-Spielen mit den Töpfen, Pfannen, dem Kühlschrank und den Lebensmitteln signalisieren, damit diese nicht umkippen. Jetzt ertönt alle drei Sekunden ein nerviges Ticken. Es dauert eine Minute, bis ich die Ursache dafür herausgefunden habe. Na gut. Steh ich halt auf. Das Ticken kommt von meinen Klamotten, die gegen die Wand schlagen. Ich kann sie genauso gut auf den Boden legen, denn irgendwann werden sie sowieso vom Haken fallen. Nächste Strategie. Jetzt müssen Ohrstöpsel her. Ich muss schlafen. Ich durchsuche das Bett nach meinen Ohrstöpseln. Ich finde nur einen und versuche, auf der Seite zu schlafen, mit einem Ohr auf dem Kissen.

Schlafmöglichkeiten

Auf jedem Schiff sind die Schlafplätze anders verteilt. Normalerweise gibt es für jeden eine Koje, und man muss sich als Frau eine Kabine mit einer anderen Frau, als Mann mit einem anderen Mann teilen. Hat man seine eigene Kabine, darf man sich glücklich schätzen. In Heckkojen spürt man den Seegang weniger als im Bug, dafür sind sie aber oft lauter, da sie meist unter dem Cockpit liegen. Auch Sofas werden oft als Schlafplätze genutzt, da sie bequem sind und man von dort aus am besten hören kann, was vor sich geht. Da immer jemand Wache hält, kommt es manchmal auch zu Rotationen. Wenn es einen Wacheplan gibt, macht man wahrscheinlich jeden Tag ein paar kurze Schläfchen, anstatt eine ganze Nacht durchzuschlafen. Aber keine Sorge, daran gewöhnt sich der Körper auf See recht schnell.

Schlafhilfen

Diese Tipps gelten vor allem, wenn man tagsüber segelt und nachts schlafen möchte.

- Es ist sinnvoll, sich für ein schmaleres Bett zu entscheiden. Je schmaler das Bett ist, desto besser wird man schlafen können, da man »eingeklemmt« ist und nicht so leicht aus dem Bett rollen kann.
- Es ist ratsam, ein Tuch oder Netz so anzubringen, dass man nicht aus dem Bett fallen kann.
- Man sollte sich Ohrstöpsel besorgen, die helfen können, die Geräusche auf dem Boot zu dämpfen. Diese sollten aber nur mit Bedacht verwendet werden, denn es ist wichtig, dass man hören kann, was auf dem Schiff vor sich geht. Dies gilt vor allem dann, wenn man in Bereitschaft ist. In welcher Situation man Ohrstöpsel verwendet, kann man am besten selbst beurteilen. Wer allein auf dem Boot Nachtwache hält, sollte sie auf keinen Fall tragen. Nach Gebrauch sollten die Ohrstöpsel in einer kleinen Schachtel aufbewahrt werden, was ich offensichtlich nicht beachtet habe. So fand ich sie in meinen Haaren, im Bett, auf dem Boden, in unseren Taschen, zwischen den Polstern und sogar im Grautank.
- Zahlreiche Kissen sind nützlich, um sich eine Höhle zu bauen und erholsam zu schlafen.
- Auch eine Schlafmaske kann hilfreich sein, denn so wird man nicht vom Tageslicht oder von Kameraden, die das Licht einschalten, gestört.
- Man sollte verschiedene Strategien, Winkel und Kissenkombinationen ausprobieren, um herauszufinden, wie man am besten schlafen kann. Denn Schlaf ist wichtig.
- Auf dem Sofa in der Mitte des Schiffes lässt es sich oft am besten schlafen, da es dort am wenigsten schaukelt.
- Wann immer es geht, sollte man schlafen, um fit zu bleiben. Denn man weiß nie, wann die nächste kräftezehrende Situation eintreten wird.

Bei einem meiner ersten Segeltörns mit Übernachtung wurde von mir erwartet, dass ich die Kabine mit dem Kapitän teile, da ich kein »Passagier«, sondern ein Besatzungsmitglied sei. Das gefiel mir nicht, aber ich dachte, dass das auf einem Schiff halt so wäre. Heute weiß ich, dass das nicht normal ist, und ich würde dem nie wieder zustimmen. Es ist nicht ungewöhnlich, dass miese Kapitäne von weiblichen Seglern etwas mehr wollen. Das war hier zum Glück nicht der Fall, aber trotzdem fühlte ich mich unwohl, neben einem großen, schnarchenden Fremden in einer winzigen Kabine schlafen zu müssen.

Bei meiner ersten Atlantiküberquerung hatte ich ein schönes, geräumiges Bett im Heck. Dort ist es weniger wackelig als im Bug, aber es ist meist lauter. Goedele schlief im Bug und wurde von einer Welle buchstäblich aus dem Bett in die Kombüse geschleudert. Es ist eigentlich ganz angenehm, wenn das Bett schmal ist, sonst rollt man darin nur herum.

Bei meiner zweiten Überfahrt lag ich in der oberen Koje und hoffte jeden Tag, dass wir auf dem Steuerbordbug unterwegs sein würden, damit ich nicht aus dem Bett fallen würde. Wenn die Situation nicht auf ein paar ruhige Stunden Schlaf hoffen ließ, baute ich mir aus Kissen einen Schlafplatz auf dem Sofa im Salon und schlief dort.

Bei meiner dritten Atlantiküberquerung teilte ich mir ein Doppelbett mit einer Frau. Wir tauschten ein paarmal am Tag die Seiten, je nachdem, wer wann Wache hatte. Nachdem eine Welle meine Kameradin aus dem Bett geworfen hatte, änderten wir unsere Strategie und drehten uns je nach Wellengang im 90-Grad-Winkel.

Bei meiner vierten Atlantiküberquerung hatte ich meine eigene Kabine. Was für ein Luxus.

Bei meiner fünften Atlantiküberquerung teilte ich mir eine Kabine mit meinem Partner. Erneut ein Luxus!

Nachts bekommt das Toilettenerlebnis eine zusätzliche spannende Dimension. Wenn man im Dunkeln oder nur mit seiner Lampe bewaffnet unterwegs ist, kann man beim Abpumpen des Meerwassers das Leuchten des Planktons sehen. Das ist wie Disco auf der Toilette. Man sollte nie etwas anderes in der Toilette entsorgen als das, was aus dem Körper herauskommt. Kein Papier, keine Chemikalien und schon gar keine Tampons.

Wie sieht es mit den Toiletten aus. Wenn man Glück hat, kann man die Spülung mit einem elektrischen Knopf betätigen. Die meisten Boote haben jedoch nur ein Pumpensystem und benötigen etwas Handarbeit zum Spülen. Da die Toiletten mit Seewasser gespült werden, muss man sich keine Sorgen machen, dass man Frischwasser verschwendet.

Nachtzeit

Vor allem auf hoher See, aber manchmal auch an einem abgelegenen Ankerplatz, gibt es wenig oder gar keine Lichtverschmutzung. Der Blick in den Himmel ist so, wie man ihn noch nie erlebt hat. Es ist kaum möglich, zu beschreiben, wie es sich anfühlt, Millionen von Sternen, die Milchstraße und mehr Sternschnuppen zu sehen, als man sich vorstellen kann. Man kann dieses Schauspiel fast jeden Nacht erleben, ein sehr ergreifendes Ereignis.

Wenn all diese Sterne und Planeten über einem funkeln, während man sich mitten auf dem Meer auf einem Segelboot befindet, fühlt man sich besonders klein, und groß zugleich. Das rückt alles in ein neues Licht.

Da man mehr oder weniger einen gleichbleibenden Kurs fährt, sieht man immer wieder dieselben Muster und lernt viel über die Sterne, Planeten und Konstellationen. Bei einer Ozeanpassage, die in der Regel etwa drei Wochen dauert, sieht man fast den gesamten Mondzyklus. An den mondlosen Tagen, wenn es stockdunkel ist und man nicht einmal den Unterschied zwischen Meer und Himmel erkennen kann, ist der nächtliche Sternenhimmel atemberaubend. In diesen Nächten ist das durch die Bewegung der Wellen oder der Delfine zum Leuchten angeregte Plankton einfach spektakulär. Ich erinnere mich an eine Nachtwache, bei der das Boot von einer Delfinschule umgeben war. Wir sahen sie wie grüne Torpedos unter Wasser schwimmen, die vom Plankton beleuchtet wurden.

Wenn Vollmond ist und sich der Mond im Meer spiegelt, braucht man nicht einmal eine Lampe, um ein Buch lesen. Der einzige Weg, diesen Zauber zu erfassen, ist, ihn zu erleben.

Wenn die Nacht hereinbricht, ist es an der Zeit, die entsprechenden Instrumente und Navigationslichter einzuschalten. Nachts sollte man im Umgang mit Licht achtsam sein, insbesondere mit weißem. Denn helles Licht blendet einen selbst und die Mitsegler und beeinträchtigt den Schlafrhythmus. Daher ist es nützlich, eine Stirnlampe mit weißem und rotem Licht zu haben.

Seele baumeln lassen

Ich lasse mich auf ein Kissen im Cockpit fallen. Mein Kopf ruht auf dem unbequemen Plastiksitz, und ich schaue hinaus auf den Horizont. Ich sehe die Sonne auf dem Wasser glitzern, sehe den blauen Himmel und vereinzelte flauschige Wolken. Ich sehe wieder das Glitzern. Und wieder die Wolken. Wieder Glitzern. Wieder Wolken. Das wiederholt sich x-mal. Ich bewege weder meinen Kopf noch die Augen. Das Schaukeln des Bootes eröffnet mir alle paar Sekunden eine neue Aussicht. Am Himmel ist kein einziger Kondensstreifen zu sehen. Es ist wunderschön. Ah, und da ist wieder das glitzernde Wasser. Und wieder der Himmel. Und wieder das Meer ... Ich fühle mich unendlich träge. Ich bewege mich so wenig und esse so viel Weißbrot, Nudeln und Snacks, die ich sonst nicht anrühre. Ein paar Wochen lang ist das in Ordnung. Aber mit der Zeit macht mich das nur noch müde und faul. Dadurch weiß ich den Wert guter, gesunder Lebensmittel noch mehr zu schätzen.

Wie schafft man es, an Bord fit zu bleiben? Das ist schwierig. Ich habe es mit Yoga, Liegestützen, Wandsitzen und ein paar anderen Übungen probiert. Aber dabei fällt man einfach immer wieder um. Das Wechseln der Segel ist ein tolles Training, aber es gibt Passagen, in denen man die Segel nicht oft wechseln muss. Aber man trainiert seinen Rumpf.

Die ständige Schaukelbewegung sorgt dafür, dass sich der Körper unbewusst ständig anpassen und ausbalancieren muss, vor allem wenn man im Bett liegt. Nach ein paar Tagen spürt man seine Rumpfmuskeln deutlich.

Die Wache ist langweilig, und ich muss mich bewegen. Der Wind ist unbeständig, also muss ich wachsam bleiben. Um etwas Spannung und Bewegung in meine Wache zu bringen, entwickle ich eine Choreografie, die von der Windgeschwindigkeit bestimmt wird. Bei jeder Änderung vollführe ich eine neue Tanzbewegung. Da sich die Windstärke ständig ändert, entsteht ein ganz schöner Tanz, der darüber hinaus auch noch recht unterhaltsam für den Rest der Mannschaft ist. Ich denke, es ist an der Zeit, dass wir bald ankommen ... Ich werde ein bisschen komisch.

Tipps gegen die Trägheit

- Bewegung, Bewegung, Bewegung!
- Während der Wache nicht nur den Autopiloten benutzen, sondern aufstehen, das Boot fühlen, wach bleiben.
- Nach Möglichkeit die Füße am Heck des Bootes ins Meerwasser eintauchen. Auf manchen Booten kann man sich auf die Heckplattform setzen, um sich die Füße zu waschen oder einfach nur das Wasser zu berühren. Welch ein Luxus.
- Sich ausgiebig strecken!
- Auch Atemübungen sind gut, um gesund zu bleiben. Drei Wochen lang saubere Luft sind unbezahlbar.
- Das Gleichgewicht trainieren und versuchen, hinter dem Steuer

zu stehen, ohne sich daran festzuhalten. Damit trainiert man den gesamten Rumpf. Dabei nicht vom Kurs abweichen.

- Nicht zu viele Snacks essen.
- Dem Kapitän vorschlagen, möglichst bald schwimmen zu gehen.

Wenn ich wochenlang aufs Wasser schaue, möchte ich irgendwann unbedingt hineinspringen und frage daher den Kapitän, ob wir nicht mal schwimmen gehen können. Denn wir hatten jetzt schon ein paar Tage mit wenig Wind. Der Kapitän will darüber nachdenken und fragt dann mittags, wer heute schwimmen gehen möchte. Um 14:30 Uhr halten wir dann das Boot an und legen Leinen mit einem Fender aus, damit wir sie greifen können und sie nicht verloren gehen. Dann springe ich vom Bug in den 4.000 Meter tiefen Ozean. Juhuuuuu! Gleich noch mal. Das Wasser ist wie lauwarmer Tee, so warm (31,5 °C!) und doch so erfrischend nach einer Woche ohne Duschen und Bewegung. Ich setze meine Freitauchmaske auf und schaue mich unter der Oberfläche um. Das Meer ist so klar und blau. Außer den Hintern der anderen Crewmitglieder ist nichts zu sehen. Es gibt eine leichte Strömung, aber nicht so stark, wie ich erwartet hatte. Jetzt fühle ich mich großartig. Das ist genau das, was wir nach den letzten Tagen gebraucht haben.

Vor Haien braucht man keine Angst zu haben, wenn man ins Wasser springt. Denn die sind nicht hinter einem her, sondern hinter den geschwächten Fischen und halten so das Ökosystem im Gleichgewicht. Angst kann man eher davor haben, das Boot oder seine Badesachen zu verlieren.

Die Gelegenheit, ins kalte Wasser zu springen, sollte man immer nutzen, wenn man die Erlaubnis dazu hat. Ein Bad im Meer ist erfrischend, befreiend und wird an einem Tag mit wenig Wind Spaß und Freude an Bord bringen. Baden geht jedoch nur, wenn es kaum Wind und Wellengang gibt. Auch muss es der Kapitän ausdrücklich erlaubt haben, und das Boot muss vorher vollständig zum Stillstand gekommen sein. Man sollte sich dabei auch an eine Leine hängen. Auch wenn es so aussieht, als würde das Boot stillstehen, tut es das meistens nicht, denn überall gibt es Strömungen. Und man will ja nicht verloren gehen. Ich rate auch davon ab, vor anderen Crewmitgliedern nackt zu baden. Einen Bikini oder eine Shorts sollte man vor dem Sprung ins Meer besser anziehen.

Nie Langeweile

Ein durchschnittlicher Tag auf See sieht in etwa so aus: 2 Prozent putzen, 5 Prozent steuern, 5 Prozent etwas reparieren, 10 Prozent Autopilot, 30 Prozent schlafen, 10 Prozent Spaß in der Kombüse, 5 Prozent Segelei, 3 Prozent essen, und 30 Prozent entspannen und erholen, obwohl es im Durchschnitt keinen Durchschnitt gibt. Man kann den ganzen Tag etwas reparieren, den halben Tag kleine Katastrophen beseitigen, während man an anderen Tagen entspannt zwei Bücher liest. Manche finden eine Ozeanüberquerung langweilig. Je nach Wetterlage kann es in der Tat eine ziemlich eintönige Fahrt sein.

Vielleicht hat man perfekte Segelbedingungen. Vielleicht aber auch nicht. Man wird wahrscheinlich viel Zeit zum Chillen haben. Es liegt an einem selbst, was man daraus macht. Ich habe mich keine einzige Sekunde gelangweilt. Und die Tage vergingen wie im Flug.

Was macht man den ganzen Tag?

Man beobachtet die schmetterlingsförmigen Segel, betrachtet die Wellen, den Seetang, liest, dehnt sich, lernt, isst, trinkt, kocht, bereitet Getränke zu, beobachtet Sonnenaufgänge, beobachtet Sonnenuntergänge, schläft, macht ein Nickerchen, beobachtet Delfine, nimmt Wasserproben, macht Fotos und Videos, berechnet die Ankunftszeiten und macht wieder und wieder ein Nickerchen. Man zählt Fliegende Fische, redet mit der Crew über das Leben, beobachtet die Sterne, wünscht sich etwas, nachdem man Sternschnuppen gesehen hat, beobachtet die Wolken, hört Podcasts und denkt einfach über das Leben nach. Aber meistens ist man einfach nur. Das ist es, was ich am meisten liebe. Wann sonst nimmt man sich die Zeit, diese Bücher zu lesen, die frische Luft zu genießen oder den Sonnenaufgang zu beobachten?

Jeden Tag gibt es eine Menge zu beobachten. Man schaut auf den Kompass und auf die Zahlen. Wie schnell sind wir unterwegs? Wie viele Seemeilen haben wir heute geschafft? Wie viele Seemeilen sind es noch bis zur Hälfte der Strecke?

Aufregend wird es, wenn man ein anderes Boot entdeckt. Es kann Tage oder sogar Wochen geben, in denen man keine anderen Menschen sieht. Abgesehen von den Booten sind es die ungewöhnlichen Sichtungen, die den Tag unvergesslich machen können. Etwa die von Walen, Delfinen, einer schwimmenden Wetterstation (zum Glück war es hell!), Sargassum-Feldern, Fliegenden Fischen, einem Vogel, der zum Boot kommt, oder die Sichtung von einfach nichts.

Es kann vorkommen, dass man viele Tage mit sehr wenig Wind auskommen muss. Am Wetter kann man nichts ändern. Man muss daher damit umgehen und es umarmen. Wie oft hat man schon den Luxus von dermaßen viel sauberer Luft und einem so atemberaubenden Ausblick auf das Meer? Und das wochenlang am Stück, ohne mehr machen zu müssen, als das, was die Arbeiten an Bord vorgeben? Das ist die beste Situation, um den wahren Seelenfrieden zu finden. Der ständige Wind, der einem ins Gesicht bläst. Die salzige Haut. Man kann gar nicht anders, als sich hier draußen entspannt zu fühlen. Über die Schiffsroutinen hinaus hat man keine Verabredungen, die man einhalten muss, gibt es keine Orte, die man aufsuchen muss. Man weiß oft nicht einmal, welcher Tag gerade ist. Niemand kümmert sich darum, wie man aussieht. Man hat plötzlich so viel Platz im Kopf, um nachzudenken und neue Perspektiven zu gewinnen.

Ich behaupte nicht, dass das Leben auf dem Meer einfach ist. Ich bin eine der ruhelosesten Seelen, die es gibt. Permanent denke ich über das Leben nach, lasse mir Geschäftsideen durch den Kopf gehen und frage mich, was wohl als Nächstes kommt. Auf dem Ozean habe ich jedoch Zeit dafür. Zeit, zu reflektieren, was wirklich wichtig ist. Denn niemand, nichts, kein Lärm, keine E-Mails, kein Social-Media-Feed lenken einen auf See vom Nachdenken ab.

Wenn einem doch mal langweilig ist

- Die Zeit nutzen, um einige Knoten zu lernen.
- Seine Lebensziele für das nächste Jahr, die nächsten fünf Jahre, die nächsten zehn Jahre definieren und überlegen, wie sich diese umsetzen lassen.
- Einen Miniprojektor mit an Bord nehmen und sich Segelfilme ansehen.
- Lesen, schreiben, Musik und/oder Podcasts hören.
- Geschichten mit anderen Crewmitgliedern austauschen.
- Einfach sitzen, gucken und beobachten.

Die anfangs schwierigste, aber vielleicht lohnendste Zeit, die man an Bord verbringt, ist die, in der man nichts zu tun und deshalb Zeit zum Nachdenken hat. Und da man von Beginn an erfährt, mit wie vielen Herausforderungen Segler auf dem Meer zu rechnen haben, wird man diese Momente der Muse schon bald mit Freude erwarten. Das bringt uns zum nächsten Punkt.

Das Unerwartete erwarten

Fast jeden Tag passiert etwas, um das man sich kümmern muss. Das kann eine verstopfte Toilette, eine gerissene Leine, ein gerissenes Segel, ein eingeklemmter Finger oder zu viel Wasser im Boot sein. Möglicherweise muss man zwei Tage lang Ersatzteile mit Süßwasser spülen, da zu viel Salzwasser im Boot war, oder es gibt ein Leck, oder irgendetwas fliegt im Boot herum.

Unser Badezimmer stinkt. Und zwar gewaltig. Nicht, weil wir etwas Falsches gegessen haben, aber dort braut sich etwas zusam-

men, dem wir auf den Grund gehen müssen. Buchstäblich. Ich
stecke meine Nase in jede Ecke des Badezimmers. Mädchenteam
in Aktion. Meine Mitbewohnerin holt eine Taschenlampe, ich
einen Schraubenzieher. Dann atme ich tief ein, halte die Luft an
und öffne den Holzboden, um nachzusehen, was darunter los ist.
Oh weh! Ich sehe, dass sich etwas bewegt. Da sind Käfer. Alles
krabbelt. Die sind überall. Tausende! Wir haben ein Problem.

Dinge gehen kaputt

Ich habe schon so einiges erlebt, zum Beispiel eine Leine im Propeller, kaputte Motoren und Generatoren, gerissene Segel oder auch eine beängstigend große Menge Wasser im Boot. Das sind alles Gelegenheiten zum Lernen, die zeigen, wie wichtig es ist, gut vorbereitet zu sein. Und sie zeigen auch, dass es auf Dauer an Bord definitiv nicht langweilig wird. Es geht darum, erfinderisch, anpassungsfähig und flexibel zu sein und ein Ding nach dem nächsten zu erledigen, eine Situation nach der nächsten zu meistern. Das Leben auf einem Schiff macht einen zum Handwerker, Ingenieur, Seemann, Koch, Putzmann, Erfinder, Klempner, Elektriker, Akrobat und Mönch.

Begrenzte Ressourcen

Wenn man auf einem Boot ist, wird man den Wert von knappen Ressourcen wie Strom und Wasser zu schätzen lernen. Die heutigen Boote sind voll mit Geräten, die Energie benötigen: Navigationsgeräte, Beleuchtung, Radar, Funkgeräte, Autopilot, Wassermacher, Kühlschrank, Gefrierschrank, Ventilatoren, Waschmaschine und dann noch all die Telefone und Tablets der Besatzung. Das alles summiert sich. Um Strom zu erzeugen, haben die Boote Wind-, Wasser- und/oder Dieselgeneratoren, teilweise auch Sonnenkollektoren.

Stromsparen

Ein Licht sollte nur eingeschaltet werden, wenn es notwendig ist. Anstatt ständig den Autopiloten zu benutzen, sollte man häufiger selbst steuern. Das ist auch ein Teil des Spaßes. Der Kühlschrank sollte immer gut gefüllt sein, um gleichmäßig zu kühlen. Die eigene Bildschirmzeit sollte man minimieren.

Wasser

Dies ist eine begrenzte Ressource an Bord. Daher sollte man Wasser klug und sparsam verwenden. Der Wert von Wasser hängt hauptsächlich vom Preis und der Verfügbarkeit ab. Wer einmal einen Segeltörn gemacht hat, bei dem jeder Tropfen wie Gold behandelt werden musste, verändert seine Wahrnehmung. Ein paar Fakten zum Wasserverbrauch: Bei einer normalen Dusche, zum Beispiel an Land, verbraucht man 12–15 Liter Wasser pro Minute, jede Toilettenspülung kostet drei bis neun Liter. Unser durchschnittlicher Wasserverbrauch an Land liegt bei knapp 130 Liter pro Tag. Die Empfehlung liegt bei mindestens 30 Liter – fünf Liter zum Kochen und Trinken, 25 Liter für die persönliche Hygiene. Hat man nur 15 Liter oder weniger, gilt dies als Notfall. All das sollte man beim Segeln allerdings vergessen, denn an Bord steht einem für die Hygiene wesentlich weniger Wasser zur Verfügung. Dort wird Wasser vor allem zum Trinken benötigt, ein Teil zum Kochen, Abwaschen, Putzen und Wäschewaschen.

Meine Heimatbasis ist ein Wohnmobil, in dem ich einen 25-Liter-Wassertank, einen Hund und nicht immer die Möglichkeit habe, Wasser nachzufüllen. Ich dusche und spüle meistens im Meer. Das Wasser, das ich mitnehme, ist nur zum Trinken und Kochen. Das ist kein Problem.

Wasserverbrauch

Ein 40- bis 44-Fuß-Boot hat normalerweise zwei Wassertanks mit insgesamt 400 Litern Fassungsvermögen. Große Boote haben größere Wassertanks, kleinere wie Rennyachten müssen mit weniger Tankkapazität auskommen. Einige Boote haben einen Salzwasserhahn, andere einen Wassermacher. Es gibt Boote, auf denen man nicht duschen darf, und solche, auf denen man täglich duschen kann und auf denen das Wasser mit einem Wassermacher aufgefüllt wird. Die größte Ressource, die alle Boote haben, ist das riesige Salzwasserbecken rund um das Boot. Salzwasser kann zum Wäschewaschen, Zähneputzen, Geschirrspülen, Reinigen des Cockpits und Duschen verwendet werden.

Trinkwasser

Man sollte unbedingt sicherstellen, dass es genügend Trinkwasser an Bord gibt und ein Reservesystem für den Fall vorhanden ist, dass ein

Tank verunreinigt wird. Wenn man nur Flaschenwasser als Reserve kauft, kommt eine Menge an Plastik zusammen. Dabei zählen Plastikwasserflaschen zu den größten Meeresverschmutzern. Wenn jedes der jährlich schätzungsweise 1.500 Boote, die den Atlantik befahren, 100 Liter Wasser in Flaschen (1,5-Liter-Flaschen) kauft, sind das 100.000 Plastikflaschen, die von einem Kontinent zum anderen transportiert werden, wo es praktisch keine Entsorgungs- und Recyclingeinrichtungen gibt. Als Meeresliebhaber können wir das besser machen.

Um die Plastikflut durch Einwegwasserflaschen zu vermeiden, stehen uns einige Möglichkeiten zur Verfügung: Man kann einen Filter am Wasserhahn anbringen, damit das Tankwasser einwandfrei trinkbar ist. Oder man kann sich mit Wasser aus wiederverwendbaren Kanistern oder faltbaren Wasserbehältern versorgen, die man leichter aufbewahren kann. Diese können auch mit einem Filter versehen werden. Möglich ist es auch, für jedes Besatzungsmitglied eine Wasserflasche mit Filter anzuschaffen, um sie einfach und sicher nachfüllen zu können. Schließlich kann man auch noch Regenwasser auffangen.

Muss man unbedingt Wasser in Flaschen kaufen, da kein Kanister oder Wasserbehälter zu finden ist, dann sollte die Wahl zumindest auf 20-Liter-Flaschen mit Pumpe fallen. Diese zirkulieren in der Karibik sogar zum Recycling.

Bei meiner ersten Atlantiküberquerung hatte der Wassertank eine Kapazität von 400 Litern. Ich habe in 18 Tagen dreimal »geduscht«, mir also ein paar Tropfen aus dem Wasserhahn auf den Kopf geträufelt. Das mag eklig klingen, ist aber auf einem Boot völlig in Ordnung. Ab einem gewissen Punkt ist es einem auch wirklich egal. Natürlich wäscht man sich trotzdem, denn es gibt ja ein großes Waschbecken um einen herum. Am besten nimmt man sich einen Eimer Salzwasser zum Schrubben und spült sich dann mit ganz wenig Süßwasser ab. Oder bleibt einfach salzig. Auch ein kleines Handtuch und eine Flasche Wasser tun es.

Ich war auch schon auf Booten, auf denen wir den großen Luxus von 2.000-Liter-Tanks und Wassermachern genießen durften, was wahrlich nicht die Norm ist. Wir konnten duschen, wann immer wir wollten – aber natürlich mussten wir trotzdem wasserbewusst leben.

Ich war auch schon auf Booten, wo sich die sechs Besatzungsmitglieder einen 200-Liter-Tank geteilt haben. Dann duscht man eben ein paar Wochen lang überhaupt nicht. Sogar Boote, auf denen es nicht einmal eine Toilette gab, habe ich kennengelernt. Dort benutzt man dann einen Eimer oder hängt sich über das Geländer.

Oft sind es übrigens die eher spartanischen Boote, die das meiste Abenteuer bieten und auf denen man die tiefgreifendsten Erfahrungen macht.

Tipps zum Wassersparen

- Man nimm sich einen Eimer und wäscht sich mit Meerwasser. Oder man bittet Mitsegler, einen Eimer Wasser über einen zu schütten. Das funktioniert prima! Einfach mal das salzige Gefühl akzeptieren.

- Der Abwasch an Bord verbraucht in der Regel den größten Teil der Wasserressourcen. Deshalb sollte folgende Abwaschtechnik angewandt werden: Das Geschirr wird mit Meerwasser gereinigt und anschließend in einem Eimer mit etwas Süßwasser abgespült, um das Salz zu entfernen. Das sollte man jedoch nicht im Hafen machen, wo das Seewasser schmutzig ist.

- Den Wasserhahn beim Zähneputzen und Einseifen zuzumachen, ist ein Muss. Das spart Unmengen an Wasser.

- Gekocht wird mit Meerwasser, was köstlich schmeckt und reich an gesunden Mineralien ist. Wenn man es nicht supersalzig mag, sollte man das Salzwasser allerdings verdünnen. Ich halte drei Teile Meerwasser auf sieben Teile Süßwasser für ein gutes Verhältnis. Die Angst vor Bakterien ist unbegründet. Jedenfalls ist auf all den Schiffen, auf denen ich bislang war, dadurch nie jemand krank geworden.

- Die persönliche Hygiene ist an Bord enorm wichtig, aber um diese sicherzustellen, muss man sich nicht täglich duschen oder die Haare waschen. Besser einmal mehr das Meerwasser nutzen.

Umgang mit Müll auf See

Wie entsorgt man Abfall auf See? Kann man Dosen und Glas einfach ins Wasser werfen? Was ist recycelbar? Wie können wir unseren Müll zurück an Land entsorgen? Sicherlich ist es die Absicht der Segler, sich bestmöglich um die Umwelt zu kümmern. Wir alle lieben das Meer und möchten es gesund erhalten. Wir lieben es auch, Inseln und andere Orte zu besuchen, wo es vielleicht keine Abfallentsorgungseinrichtungen gibt. Wie also geht man mit dem Müll um, den man da draußen auf dem Meer ansammelt? Eine bewusste und nachhaltige Vorratshaltung ist schon mal ein wichtiger Schritt, um Abfall zu reduzieren.

Dennoch stellt sich auf einem Schiff immer die Frage: Was darf über Bord gehen und was nicht?

Lebensmittel und andere organische Abfälle? Im Prinzip ja, sobald man sich mehr als zwölf Seemeilen vor der Küste befindet. Auch biologisch abbaubare Kokosnussschalen und unbehandelte Holzartikel dürfen im Wasser landen.

Anders ist es mit Glas, das zwar versinkt, aber niemals verschwindet. Es mag zwar aus Quarzsand hergestellt werden, ist aber dennoch ein künstlich hergestelltes Produkt, das nicht ins Meer gehört. Das meiste Glas ist zusätzlich mit zwei chemischen Beschichtungen versehen, um die Funktionalität zu gewährleisten und Bruch zu verhindern. 50 bis 80 Prozent des Glases sind wiederverwertbar, also sollte man sein Altglas aufbewahren. Das Recycling von Glas ist einfach umweltfreundlicher als die Neuherstellung. Gläser eignen sich hervorragend für die Aufbewahrung von Grundnahrungsmitteln, Kräutern, Gewürzen, Haferflocken, Zucker, Samen und Brotaufstrichen aller Art.

Dürfen Dosen in Wasser geworfen werden? Nein, denn fast alle Aluminium- und Blechdosen sind bedruckt und auf der Innenseite mit einer Art Kunststoff beschichtet, um Lebensmittel und Getränke haltbar zu machen. Außerdem ist dieses Material leicht zu recyceln – es braucht nicht viele Ressourcen, um Aluminium zu neuen Dosen, Behältern oder vielleicht sogar einem Boot zu verarbeiten!

Zigaretten sind mit giftigen Chemikalien belastet und gehören auf keinen Fall ins Meer. So lösen sich aus Zigarettenstummeln Stoffe wie Arsen, Nikotin und Schwermetalle, die für das Leben im Meer eine große Gefahr darstellen. Auch die meisten Filter sind aus Kunststoff.

Plastik und Kunststoffe? Nein, denn die verschwinden nie und nimmer. Das gilt auch für einfache Kaugummis.

Wie sieht es mit Pappe und Papierhandtüchern aus? Wenn es sich um unbehandeltes Papier handelt, ist es in Ordnung, wenn es im Wasser landet. Fast alle Papiere und Kartons weisen jedoch Tinte, UV-Lack, Folien, Klebstoffen oder Polymere auf. Weiße Papierhandtücher werden mit Chlor behandelt, was für unsere Gesundheit und die der Meere gefährlich ist. Daher sollten sie nicht über Bord gehen. Pappe ist in der Regel bedruckt, ebenso das Etikett eines Teebeutels.

Meine persönliche Meinung

In vielen Reiseführern, Artikeln und Seglerforen ist zu lesen, dass Dosen und Gläser in der Tiefsee über Bord gehen dürfen. Auch zahlreiche Lotsen vertreten diese Meinung. Schließlich sinken sie ja und sind aus natürlichen Materialien hergestellt, nicht wahr? Dementsprechend handeln viele Segler auch danach. Allerdings sind diese Artikel in der Regel aus einer praktischen Perspektive geschrieben, nicht aus einer ökologischen. Wiederverwendung und Recycling können an Bord aber auch sehr praktisch sein. Man hat in den tiefsten Meeresgräben Flaschen und Dosen gefunden, deren Markennamen und Logos noch lesbar waren. In Anbetracht des kritischen Zustands der Ozeane sollten meiner Meinung nach alle Gegenstände, die nicht aus dem Meer stammen, nicht ins Wasser geworfen werden. Kein Glas, keine Dosen, kein Karton, keine Zigaretten und kein Papier. Erst recht kein Plastik. Was sich im Wasser nicht schnell zersetzt, gehört nicht ins Meer. Selbst Obstschalen können auf See Jahre brauchen, um biologisch abgebaut zu werden. An Land sind sie hingegen als Kompost wertvoll. Glas und Dosen sind an Land viel wertvoller als auf dem Meeresgrund. Denn Recycling verbraucht weniger Ressourcen als die Gewinnung neuer Materialien aus dem Boden. Diese Materialien gehören einfach nicht in den Ozean, der schließlich keine Müllhalde ist. Unser Abfall mag in die Tiefe sinken, aber er wird nicht verschwinden.

Müll an Bord

- Zunächst sollte man sich über die Situation informieren, die man am angesteuerten Zielort zu erwarten hat. Wie wird dort mit Abfall verfahren? Gibt es eine Trennung?
- Dann ist eine Mülltrennung mit drei Eimern oder Behältern in der Kombüse zu empfehlen. Einer ist für organische Abfälle, die man mehrmals täglich im Lee über Bord entsorgen kann, sofern man sich außerhalb der 12-Meilen-Zone befindet. In einen zweiten kommen Wertstoffe wie ausgespülte Dosen, Plastik, Gläser und Flaschen und ein dritter ist für den Restmüll. Wenn man gut ist, wird der dritte Behälter der sein, der als letzter voll wird. Bonuspunkte gibt es, wenn er gar nicht voll wird. Zusätzlich sollte man noch separat Papier und Pappe sammeln.
- Segelt man ins Ausland, sollte man den Abfall abspülen (Salzwasser genügt), um Gerüche und die Einschleppung invasiver Arten zu vermeiden, wenn man ihn an einem neuen Ort entsorgt. Vor allem Fleisch-, Käse- und Milchverpackungen sollten gründlich ausgespült werden.
- Wenn der Wertstoffbehälter voll ist, sollten Kunststoffe, Dosen und Glas in verschiedene Säcke gepackt werden, um die Entsorgung am Zielort zu erleichtern, und dann außerhalb der Kombüse gelagert werden. Dosen und Flaschen bei Bedarf zerkleinern, um Platz zu sparen.

- Nicht wiederverwertbaren Kunststoff (Folien, Tüten und dünne Verpackungen) bei Bedarf in kleine Stücke schneiden, um das Volumen zu reduzieren. Im Allgemeinen gilt aber: Wenn man Platz hat, um etwas an Bord zu bringen, hat man auch Platz, um es zu lagern, bis es ordnungsgemäß entsorgt werden kann.
- Alle organischen Stoffe sollten mindestens zwölf Seemeilen vor der Ankunft an Land über Bord geworfen werden. Man möchte ja nichts Invasives auf eine Insel bringen, was dort Auswirkungen auf das gesamte Ökosystem haben kann.
- Raucher sollten sich einen Aschenbecher basteln und die Zigarettenstummel dort entsorgen. Oder man nutzt das Segelabenteuer gleich zum Aufhören.
- Tut vor allem in der Planungs- und Vorbereitungsphase euer Bestes, um die potenzielle Abfallmenge an Bord so gering wie möglich zu halten.

TEIL 4

Zurück an Land

Die Welt zu Füßen – Ankunft in einem neuen Land

Hurra, man ist angekommen! Der Skipper muss zum Zoll und zur Einwanderungsbehörde gehen, um einzuchecken. Manchmal muss die Besatzung mitgehen. Endlich kann man eine Kokosnuss essen, ins Meer springen, eine Runde an Land drehen und zehn Meilen statt zehn Fuß wandern. Die Entdeckungsreise kann beginnen. Die Welt liegt einem wieder zu Füßen – und man wird bald auf sich allein gestellt sein.

Auch beim Segeln ist jeder neue Morgen ein Start in ein kleines Abenteuer. Mit dem Boot in einem neuen Gebiet anzukommen, ist eine der aufregendsten Seiten des Segelns. Was kommt als Nächstes? Kann man das Boot ohne Probleme verlassen? Wird es einfach, ein anderes Boot für das nächste Ziel zu finden? Oder einen Job?

Prost auf das Abenteuer meines Lebens! Die SEA YA-Party-Crew bei einem Caribbean-Bier am Strand in der entspannten Fischerstadt Charlotteville in Tobago. Ich lass Skipper Rudy, die NOOR und die SEA YA hinter mir. Das Schiff fährt heute Abend ohne mich weiter nach Trinidad. Ich habe beschlossen, noch etwas Zeit in Tobago zu verbringen, möchte die paradiesische Insel kennenlernen, kitesurfen und freitauchen.

So sehr ich das Meer und das Segeln liebe, so gern möchte ich auch an Land gehen und einen neuen Ort von Grund auf erkunden. Ich mag es, die ganze Essenz zu erleben. Das geht am besten, wenn ich eine Weile an einem Ort lebe und nicht nur eine »Ich war hier«- Stecknadel auf der Weltkarte hinterlasse. Ich liebe es, an Bord eines Segelbootes zu sein, aber ich liebe es auch, an Land zu gehen, die Umgebung in meinem eigenen Tempo zu genießen, neue Kontakte zu Menschen und Orten zu knüpfen. Das Segeln auf dem Boot eines anderen erfordert schließlich auch viel Anpassung.

Nach meiner ersten Überfahrt mit der SEA YA bleibe ich noch eine Woche an Bord, um einen Eindruck vom Segeln in der Karibik zu bekommen. Außerdem ist es an der Zeit, an meinen Websites zu arbeiten, was auf See mit begrenztem Strom und eingeschränkter Logistik nur schwer möglich ist. Doch es ist Eile geboten, das Land zu verlassen. Darauf bin ich nicht vorbereitet und muss vor Ort beim Zoll ein Weiterflugticket kaufen, damit die SEA YA das Land verlassen kann. Tobago erlaubt einen einmonatigen Aufenthalt. Für das Ende dieses Zeitraums kaufe ich den billigsten Flug, den ich finden kann: nach Bonaire. Ich verbringe einen Monat auf Bonaire, wo ich ein professionelles Freitauchtraining absolviere.

Nach der zweiten Überfahrt auf der CYCLOS II arbeite ich noch ein paar Tage auf dem Schiff in Palma de Mallorca, wo ich es vor allem putze und damit 120 € pro Tag verdiene. Perfekt, um meine Abenteuerkasse ein wenig aufzubessern. Eine weitere Woche verbringe ich damit, Mallorca zu erkunden. Eine wunderschöne und friedliche Insel im Frühling. Von der Baleareninsel aus mache ich mich auf den Weg nach Südspanien und schlage mein Basislager in Tarifa auf. Dort beginne ich, die ersten Zeilen dieses Buches zu schreiben.

Nach der dritten Überfahrt auf der EAU TOO wird die gesamte Besatzung gebeten, einige Tage nach der Ankunft in Rodney Bay,

St. Lucia, abzureisen. Die Reise war großartig – und doch war die Zeit gekommen, meinen eigenen Weg zu gehen. Ich mache mich auf die Suche nach einem Basislager am Strand, um eine Zeit lang wie ein Einheimischer zu leben: mit kleinem Budget, Zugang zu einer Steckdose, WiFi, Kokosnüssen und natürlich dem Meer. Ich merke, dass Rodney Bay nicht der richtige Ort für mich ist. Also schließe ich mich Skipper Mark auf seinem Boot FRUIT SALID 3 *(nicht Salat, Sal-I-d) an, den ich während der ARC+ kennengelernt hatte. Er nimmt noch ein paar andere Ozean-Nomaden mit. Gemeinsam mit drei anderen ARC+-Booten segeln wir in den spektakulären Süden von St. Lucia. Nach ein paar Tagen Inselerkundung fahren wir mit* FRUIT SALID *nach Norden. Einen Monat später ruft das Meer. Von Dominica aus segele ich per Anhalter in den Süden, um an der Grenada Sailing Week teilzunehmen, gefolgt von einer Traumwoche, in der ich die Grenadinen auf einem Kitesurf-Katamaran erkunde. Ich verbringe einige Monate zwischen den Bootsbauern in Carriacou und helfe mit, eine dieser traditionellen Holzschönheiten bis nach St. Barth zu segeln. Von dort aus trampe ich weiter zu den British Virgin Islands, den United States Virgin Islands und der Dominikanischen Republik. Aus Letzterer fliege ich für wenig Geld weiter.*

Zu vermeiden: Wer von einem langen Segeltörn kommt, sollte sich nicht gleich mit dem WiFi verbinden. Die Menge an Nachrichten und Neuigkeiten kann horrend sein. Ich empfehle, erst einmal den Ankunftstag zu genießen und sich bei der Familie zu melden.

Das nächste Abenteuer wartet bereits. Vielleicht ist man auf dem Schiff zu einer netten kleinen Familie zusammengewachsen. Vielleicht kann man es aber auch nicht erwarten, endlich von Bord zu gehen. Das Boot wird gereinigt. Man nimmt eine letzte Mahlzeit mit der Mannschaft ein. Und was dann? »Es geht um die Reise, nicht um das Ziel«, heißt es. Das gilt auf jeden Fall für eine Hochseepassage – auch wenn die Ankunft an Land nach einiger Zeit auf See eine ziemlich aufregende Erfahrung ist. Ein Rückflugticket sollte man noch nicht buchen.

»Gehe nicht dorthin, wo der Weg hinführt, sondern dorthin, wo es keinen Weg gibt, und hinterlasse eine Spur.« – Ralph Waldo Emerson (Theologe, Philosoph, Schriftsteller)

Auf meinen Segelreisen habe ich Dutzende von Menschen mit schönen Geschichten und großen Träumen getroffen. Viele von ihnen befinden sich auf einer Lebensreise – ohne das Ziel zu kennen. Es ist verlockend, einfach mit dem Strom zu schwimmen und bei jeder sich bietenden Gelegenheit weiterzusegeln. Es gibt so viel zu entdecken. Wahrscheinlich hat das eigene Abenteuer ein bestimmtes Budget oder ein Zeitlimit. Vielleicht wartet ein Chef auf die Rückkehr seines Mitarbeiters oder man muss sich zu Hause einen neuen Job suchen. Vielleicht stehen einem auch alle Möglichkeiten offen. In diesem Fall stellen sich die Fragen: Was ist der nächste Traum? Und welcher Schritt wird einen der Verwirklichung näherbringen? Der erste Segeltörn gibt einem sicherlich Aufschluss über sich selbst, seine Träume, seine Ziele und seine Bestimmung. Die Frage ist nur, was man daraus machen wird.

Ein anderes Boot finden. Man muss oder will sein Boot verlassen, möchte aber gerne weitersegeln. Oder man möchte ein bestimmtes Ziel erreichen, das nicht auf der Route des ursprünglich gewählten Bootes liegt. Am besten ist man an belebten Ankerplätzen oder Yachthäfen präsent. Und wer bereits einmal auf einem fremden Boot mitgesegelt ist, dem wird es leichter fallen, eine neue Mitsegelgelegenheit ausfindig zu machen.

Willkommene Planänderung

»Sie stand im Sturm, und wenn der Wind nicht so wehte,
wie sie wollte, richtete sie ihre Segel.« –
Elizabeth Edwards

M an sollte nicht zu weit im Voraus planen, denn es ist sehr wahrscheinlich, dass der ursprüngliche Plan anders ausfallen wird. Diese Regel gilt für das Segeln im Speziellen und das Leben im Allgemeinen. Zu berücksichtigende Variablen, um nur einige zu nennen: Wetter, Schäden, Warten auf Ersatzteile oder Reparaturen, ungeplante Situationen mit der Besatzung. Die Weiterreise sollte deshalb auch erst beim Verlassen des Schiffes näher geplant werden.

Niemand möchte irgendwo stranden und seinen Flug verpassen. Oder im Paradies ankommen und am nächsten Tag weiterfliegen müssen. Wer seine Weiterreise wirklich buchen und Tickets im Voraus kaufen möchte, sollte bei Verzögerungen an Bord dennoch entspannt bleiben. Auf keinen Fall sollte der Skipper dazu gedrängt werden, mehr Segel zu hissen oder den Motor anzulassen, weil die Zeit für den Weiterflug knapp wird. Ein Skipper könnte unnötige Risiken eingehen, um einen rechtzeitig ans Ziel zu bringen. Ich würde mich auch nicht zu lange auf Weiterreisepläne mit einem Boot festlegen. Vielleicht möchte man das Boot oder die Besatzung auch wieder wechseln. Besser ist es, sich seine Pläne offenzuhalten und flexibel zu bleiben.

Meine Pläne haben sich oft zerschlagen, aber ein Kurswechsel kann zu wunderbaren Erfahrungen führen. Ich hatte gehofft, vor Silvester in der Karibik zu sein. Daraus wurde nichts. Stattdessen habe ich Gran Canaria weiter erkundet und meine Eltern zu Weihnachten überrascht. Beides waren unbezahlbare Erfahrungen. Auf dem Schiff war eine vierköpfige Besatzung vorgesehen, aber ein Besatzungsmitglied musste das Schiff auf den Kapverden verlassen. Obwohl wir anfangs traurig darüber waren, hatten wir dadurch etwas mehr Platz und Komfort auf dem Schiff. Eigentlich wollten wir nach Trinidad fahren, aber mitten im Atlantik entschieden wir uns, zur tropischen Schwester Tobago zu fahren.

Ein anderes Mal hatten wir einen zweitägigen Aufenthalt auf den Azoren geplant. Am Ende mussten wir auf die Ankunft eines Ersatzteils warten, blieben eine ganze Woche und konnten so dieses Naturparadies erkunden. Während ich dies schreibe, sollte ich auf einem großen Segelkatamaran durch das Mittelmeer segeln. Als ich jedoch am geplanten Abfahrtshafen ankam, war klar, dass das Boot nicht einmal annähernd fertig war. Es liegt immer noch auf dem Dock, was auch gut so ist – jetzt habe ich Zeit, dieses Buch zu schreiben. Ein Schiff sollte mich in Gibraltar abholen. Ein Besatzungsmitglied fiel aus, und es wurden alle Hände an Deck gebraucht, um das Schiff von Frankreich aus zu steuern. Also machte ich mich auf den Weg nach Frankreich und ging an Bord, um zu helfen.

Einfach ruhig bleiben, wenn die Dinge anders laufen, als man es sich vorgestellt hat. Trotzdem ist es gut, wenn man nach der Ankunft einige Nachforschungen anstellt.

Was sollte man im Voraus recherchieren?

Das Ziel, das man ansteuert, sollte gut recherchiert werden. Sobald man sich nämlich auf das Abenteuer eingelassen hat, wird man entweder das Boot vorbereiten, segeln oder sich unterhalten. Da bleibt nicht viel Zeit, um zu recherchieren. Auf den meisten Inseln ist das WLAN auch nicht so toll. Wenn man noch nicht weiß, wohin man fahren wird, sollte man sich zumindest über einige Optionen informieren. Vielleicht bleibt man auf dem Schiff, vielleicht auch nicht. Nach all meinen Hochseepassagen habe ich es vorgezogen, das Schiff zu verlassen und mich an Land zu bewegen. Das ist mit einem kleinen Budget nicht immer einfach, vor allem in der Karibik oder im Pazifik. Die Ausgaben an Land können sich schnell summieren. Deshalb ist es gut, sich ein paar Optionen offenzuhalten. Nicht nur für einen selbst. Man ist gegenüber dem Skipper dafür verantwortlich, dass man einen Ausstiegsplan erstellt hat.

Wenn man vorhat, das Schiff nach der Ankunft zu verlassen, benötigt man möglicherweise einen Nachweis über die Weiterreise aus dem Ankunftsland. Das wiederum kann schwierig sein, wenn man noch nicht weiß, wohin die Weiterreise führen soll. Recherchiert werden sollten auch die Visasituation, die Routen und die Entfernungen zwischen den Zielen. Ich schaue mir gern Karten an, zoome bei Google Earth hin und wieder raus, um eine Vorstellung davon zu bekommen, worauf ich mich einlasse. Das ist Teil der Vorfreude und hilft dabei, den Kurs dem bevorstehenden Abenteuer anzupassen.

Man sollte sich zudem erkundigen, ob man für das Gebiet, in das man weiterreisen möchte, Impfungen benötigt. Einige Länder, vor allem in Südamerika, verlangen den Nachweis einer Gelbfieberimpfung. Und man sollte sich vor jeder Reise vergewissern, dass man über die richtigen Versicherungen und Visa verfügt. Wenn man auf einem Segelboot anheuert, wird man in eine Besatzungsliste eingetragen. Diese Liste legt der Skipper den Hafenbehörden vor. Es liegt in unserer Verantwortung gegenüber dem Skipper, sicherzustellen, dass man legal in das Land einreisen kann. Möglicherweise muss man ein wenig vorausplanen. Je nach Nationalität und weiteren Reise- oder Arbeitsplänen gelten unterschiedliche Visaanforderungen und Vorschriften.

Wenn man in Europa ankommt und kein europäischer Staatsbürger ist, muss man sich möglicherweise vorab um ein Schengen-Visum kümmern. Dieses gilt für die meisten europäischen Länder und erlaubt einen Aufenthalt von maximal 90 Tagen (innerhalb eines Zeitraums von 180 Tagen). 90 Tage sollten ausreichen, um ein Boot zu finden.

Für viele Länder, beispielsweise in der Karibik, muss man kein Visum beantragen, um als Tourist einzureisen. Für die Vereinigten Staaten (einschließlich der US-Jungferninseln und Puerto Rico) müssen jedoch Vorkehrungen getroffen werden. Auch wenn man irgendwo arbeiten will, muss man sich möglicherweise vorher um ein geeignetes Visum und/oder eine Arbeitserlaubnis kümmern.

Wer als freiwillige Crew gesegelt ist und im nächsten Schritt eine Jobmöglichkeit auf einem Schiff finden möchte, dem schlage ich vor, sich auf den Weg zu den Segelzentren zu machen. Dabei sollte man anhand seiner Nationalität prüfen, ob und wo man arbeiten darf und welches Visum oder welche Arbeitserlaubnis erforderlich ist. Segelzentren in der Karibik: St. Maarten, Antigua, Britische Jungferninseln, US-Jungferninseln und die Grenadinen. Segelreviere in Europa: Palma de Mallorca und die französische Riviera.

Wer beschließt, am Zielort von Bord zu gehen, sollte die Einwanderungsbestimmungen beachten. Die Besatzungsliste muss auf dem neuesten Stand gehalten werden, wenn ein Besatzungsmitglied aus- oder zusteigt. An manchen Orten muss ein Nachweis über die Weiterreise vorgelegt werden, bevor man von der Besatzungsliste gestrichen werden kann. Solange dies nicht geschehen ist, kann das Schiff das Land nicht ohne einen verlassen.

In einigen Ländern kann man sich auch ohne Nachweis der Weiterreise von der Besatzungsliste streichen lassen. In anderen Ländern muss man nachweisen, dass man das Land zu verlassen plant, bevor man von der Besatzungsliste gestrichen werden kann. Das hängt auch vom Reisepass ab.

Wie kann man die Weiterreise nachweisen?

Man legt eine Buchungsbestätigung für ein Fahrt- oder Flugticket vor, das einen aus dem Land bringen soll. Ein Skipperbrief zeigt, dass man auf einer anderen Besatzungsliste stehen wird. Man kann auch ein

Schreiben vorlegen, in dem man angibt, dass man auf einem weiteren Schiff als Besatzung mitfahren wird, das das geplante Abfahrtsdatum enthält und vom neuen Skipper unterschrieben ist. Eine Vorlage kann auf oceannomads.co/resources heruntergeladen werden. Manchmal kann man sich auch durch eine Hotelbuchung oder den Nachweis einer Unterkunft von der Besatzungsliste streichen lassen.

Wie viele von uns Ozean-Nomaden, wird man mit dem Strom schwimmen und sich nicht zu lange im Voraus darauf vorbereiten können. Man kann sich direkt eines der billigsten Tickets zur nächsten Insel kaufen, sollte sich aber bewusst sein, dass diese oft gar nicht so günstig sind, wie es zunächst den Anschein hat. Man kann einen Flug buchen und ihn möglicherweise rechtzeitig stornieren, wenn sich die Pläne ändern. Es gibt auch Websites, auf denen man ein Ticket für die Weiterreise mieten kann. Oder man sucht sich ein anderes Schiff, das einen auf seine Besatzungsliste setzt. Das entsprechende Visum sollte gegebenenfalls vorhanden sein.

Wichtig ist es, sich Zeit für die Zollabfertigung zu nehmen. Denn diese erfolgt oft nach »Inselzeit«. Die Zollämter sind in der Regel am Wochenende, während der Mittagszeit und nach 16 Uhr unter der Woche geschlossen. Manchmal befindet sich die Tür der Einwanderungsbehörde direkt neben dem Zollamt, manchmal nicht, und man muss auf die andere Seite der Stadt laufen.

Bevor man wieder losfährt, sollten noch ein paar Dinge beachtet werden. Den Skipper um eine Referenz bitten, und zwar solange man mit seinen Qualitäten und Beiträgen noch frisch in seinem Gedächtnis ist. Außerdem sollte man sich seine Seemeilen vom Skipper abzeichnen lassen. Wer jemals eine Yachtmasterqualifikation oder eine gleichwertige Qualifikation anstrebt, hat diese Seemeilen dann bereits in seinem Logbuch. Wie haben einen die anderen Besatzungsmitglieder erlebt? Wie kann man sich verbessern? Man sollte über die besten und schlechtesten Aspekte der Reise diskutieren und den Skipper und die anderen Besatzungsmitglieder um ein ehrliches Feedback bitten. Das sind wertvolle Dinge, die man besprechen und aus denen man lernen kann.

Teil 5

Ozeanliebe

Warum der Ozean so wichtig ist

»Das Meer, der große Vereiniger, ist die einzige Hoffnung
des Menschen.« Heute hat die alte Phrase eine wortwörtliche
Bedeutung wie nie zuvor: Wir sitzen alle im selben Boot.
Jacques-Yves Cousteau

Der Ozean ist das Herzstück unseres Planeten. Mehr als zwei Drittel der Erdoberfläche sind mit Wasser bedeckt. Meerespflanzen produzieren einen Großteil des Sauerstoffs, den wir atmen, und selbst die tiefsten Gewässer sind bewohnt.

Der Ozean versorgt uns mit Nahrung, er gibt uns alles, ohne ihn können wir nicht überleben. Wer auf einem Boot aus erster Hand Ozean-Phänomene beobachtet, wird von seiner Schönheit beeindruckt sein, einen tiefen Respekt vor der Kraft der Meere gewinnen und leider zugleich ihren Niedergang erkennen.

Warum aber betrifft uns die Zerstörung der Weltmeere so sehr? Betrachten wir sieben Gründe, warum der Ozean so wichtig ist.

1.

Er ist die Quelle des Sauerstoffs. Wir können wochenlang ohne Nahrung auskommen, tagelang ohne Wasser, aber nicht einmal zehn Minuten ohne Sauerstoff. Nicht die Regenwälder sind die Hauptquelle für unseren Sauerstoff, sondern tatsächlich der Ozean. Es spielt dabei keine Rolle, wie weit man vom Meer entfernt lebt, etwa die Hälfte des Sauerstoffs, den wir täglich einatmen, stammt aus dem Meer. Das liegt an dem Sauerstoff produzierenden Phytoplankton, einzelligen Algen, die sich im Wasser aufhalten und Fotosynthese betreiben. Diese winzigen Meerespflanzen wirken im Meer auf die gleiche Weise wie Landpflanzen. Plankton absorbiert CO_2 und gibt Sauerstoff ab. Man sieht diese Algen nicht, deshalb vergessen wir sie oft. Sie gehören zu den winzigsten, aber wichtigsten Lebewesen auf unserem Planeten, die uns am Leben erhalten.

2.

In vielerlei Hinsicht reguliert der Ozean unser Klima. Er nimmt die Wärme auf und transportiert warmes Wasser vom Äquator zu den Polen und kaltes Wasser von den Polen in die Tropen. Ohne diese Strömungen wäre das Wetter in einigen Regionen zu extrem und weniger Orte wären bewohnbar. Der Ozean reguliert Regenmengen und Dürren und enthältcirca 97 Prozent des Wassers unseres Planeten und ist unser globales Klimakontrollsystem.

3.

Der Ozean bietet Nahrung, er ist die wichtigste Proteinquelle für mehr als eine Milliarde Menschen. Da die Weltbevölkerung täglich um rund 220.000 Menschen wächst, sind wir zum Überleben mehr und mehr auf den Ozean angewiesen.[2]

4.

Der Ozean ist nicht nur für uns Meeresliebhaber ein Zuhause. Er beherbergt den größten Reichtum an Leben auf unserem Planeten. Wenn man einen Ozean überquert, wird man Delfine, Wale, gelegentlich einen springenden Fisch oder eine Schildkröte sehen, die auftaucht, um Luft zu holen. Das ist aber nur das, was man an der Oberfläche sieht, denn unter der Meeresoberfläche gibt es mehr Leben als an Land. Mehr als 60 Prozent der Weltbevölkerung leben im Umkreis

---

[2] *One World, One Ocean, One Mission.* Anderson, T. L. 1, Canada : MacEwan University, 2013, Earth Common Journal, Vol. 3.

von 60 Kilometern von der Küste, und wir alle sind auf ein gesundes Meer angewiesen, so wie die einzigartigen Meeresbewohner.

5.

Der Ozean ist eine Glückszone! Er ist unser Tempel, unser Leben, unser zweites Zuhause, unser Ort des Glücks. Hier schwimmen, surfen, segeln, tauchen, chillen wir, und das Meer trägt uns in neue Länder.

6.

Als Segler sind wir auch Erzieher, Botschafter und Verfechter eines Lebensstils auf dem Wasser. Gemeinsam teilen wir die Leidenschaft für den Ozean und den eifrigen Wunsch, unser »Wohnzimmer« sauber und sicher zu halten. Die Wasserstraßen sind der Schlüssel zu unserer Gesundheit, für uns wie auch für künftige Generationen.

Das Meer bietet Arbeitsplätze für Fischer, Bootsfahrer, Rettungsschwimmer, Surflehrer, Hafenarbeiter, maritime Reiseveranstalter, Wassersport-Unternehmer und natürlich für Segler!

7.

Wasser bedeutet Leben. Wir werden aus Wasser geboren, unser Körper besteht größtenteils aus Wasser, unser Planet besteht zu zwei Dritteln aus Wasser, und wir können ohne Wasser nicht leben. Ohne Wasser gäbe es kein Leben auf diesem Planeten.

Wer fühlt sich nicht wohl, wenn er sich am, im oder auf dem Meer befindet? Warum ist das so? Das Atmen der frischen Meeresluft gibt uns Sauerstoff und Energie. Das Meer verfügt über eine starke Heilkraft. Wenn wir ins Wasser eintauchen, wird unser innerer Delfin freigesetzt, man spricht sogar vom »Säugetier-Tauchreflex«. Das habe ich gelernt, als ich mit dem Freitauchen begann. Wenn unser Gesicht das Wasser berührt, verlangsamt sich unser Herzschlag sofort, das Blut fließt von den Extremitäten zum Gehirn, zum Herzen und zu den lebenswichtigen Organen unseres Körpers. Robben und Delfine haben diesen Reflex, wir haben ihn auch. Er weckt uns auf und sorgt dafür, dass wir uns pulsierend und lebendig fühlen. Das ist reine Wissenschaft. Der Ozean ist therapeutisch. Wenn wir Wasser sehen, fühlen, hören, riechen oder schmecken, empfinden wir Glück und sind im Frieden mit uns und der Welt. Und doch wissen wir immer noch mehr über den Mars als über den Ozean.

Es liegt an uns, den Ozean am Leben zu erhalten. Die Entscheidungen, die wir heute treffen, bestimmen unsere Zukunft und die Zukunft unserer Kinder. Wir haben die Verantwortung, uns um den Ozean zu kümmern, so wie er sich um uns kümmert.

Meereserkundungen

Die einheimischen Fischer haben Schwierigkeiten, etwas zu fangen, die Korallen strahlen nicht mehr so farbenfroh wie früher, und das Wasser ist nicht mehr so klar.

In den letzten 15 Jahren habe ich die Welt bereist, jeden Kontinent besucht und jeden Ozean (außer der Antarktis) befahren. Ich bin an abgelegenen Stränden auf Inseln spazieren gegangen, die Hunderte von Kilometern von einem Festland entfernt sind. Wann immer ich kann, erkunde ich auch den Meeresgrund. Ich habe die Unterwasserwelt in Tonga mitten im Südpazifik, auf den Galapagosinseln, im Mittelmeer, in Ostafrika, Australien und in der Karibik betaucht. Überall werde ich mit einem Ungleichgewicht der Natur konfrontiert, von uns Menschen verantwortet und der zum Nachteil des Ozeans gereicht. Plastik und Meeresmüll sind allgegenwärtig, Korallenriffe bleichen aus, gefährdete Fischarten stehen auf der Speisekarte vieler Restaurants oder sind im Supermarkt erhältlich. Die meisten von uns sehen nur die Küsten und die bei Sonnenschein glitzernde Wasseroberfläche, aber wenn man draußen auf oder im Meer ist, wird einem ständig der Schaden vor Augen geführt, den wir alle gemeinsam anrichten.

Ich versuche mich im Schaukelboot-Yoga und absolviere meine Atemübungen, um den Tag gut zu beginnen und für die Unterwasserzone zu trainieren. Danach mache ich mich auf den Weg zu einer salzigen Dusche. Ich schnappe mir Maske und Flossen und schaue nach meinen Vorfahren im Meer. Nicht viele sind zu Hause. Ich sehe viele tote Korallen, und das macht mir immer mehr Sorgen. Ich mache ein paar Aufnahmen und schwimme zurück zu dem kleinen 36-Fuß-Segelboot. Ich klettere zurück an Bord, spüle mich mit drei Tropfen Süßwasser ab und verzichte auf das Waschen meiner Haare.

Ich bin keine Wissenschaftlerin, aber ich erforsche, beobachte und lerne jeden Tag. Meine Erkundungen haben mir gezeigt, vor welchen Herausforderungen unsere Ozeane stehen. Ich habe mit Mantarochen in einer Plastiksuppe getanzt und beobachtet, wie sie Plastik statt Plankton einsaugten. Mehr als einmal wusste ich nicht, wo ich nach einem Freitauchgang auftauchen sollte, weil ich über mir nichts als Müll sah.

Ich habe gesehen, wie Fische Plastiktüten gegessen haben. An meinen Surfbrettflossen und Freitauchflossen klebte schon mal Plastik. Bei verschiedenen Schlauchbootfahrten mussten wir das Boot anhalten, weil sich eine Plastiktüte in der Schiffsschraube verheddert hatte. Mitten im Atlantik habe ich Wasserproben gefischt, die scheinbar klar waren, aber in Wirklichkeit 47 Plastikpartikel enthielten. Auf der Andamanensee musste ich im Zickzackkurs fahren, um den Hunderten von Schleppnetzfischerbooten auszuweichen. Ich habe Strände auf unbewohnten Inseln gesäubert. Ich habe auf schwimmende Plastikparaden im Mittelmeer, in der Karibik, im Südpazifik und im Atlantik gestarrt. Auf hoher See statt eines Fisches eine Plastiktüte geangelt. Auf den Azoren und in Griechenland habe ich Burgen aus Plastiksand gebaut. Ich habe beim Freitauchen nach Fischen gesucht und keine gefunden, selbst an Orten nicht, an denen es sie im Überfluss geben soll. Beim Abendessen stehen auf der Speisekarte Hai, Schnapper, Schwertfisch, Thunfisch, Lachs und Krabben. Die Menschen, die diese Fische fangen, servieren, bestellen und essen, wissen oft nicht, dass diese Arten ausgebeutet werden, vom Aussterben bedroht oder mit Giftstoffen belastet sind. Ich wusste es auch nicht.

Ich habe Buchten in der Türkei und in Griechenland erkundet und an jedem Ankerplatz den Strand gesäubert. Ich konnte mir das nicht einfach so anschauen.

Entsetzen packt mich, wenn ich in den Ozean hinabtauche und Hunderte von Dosen auf dem Meeresgrund liegen sehe, leider aber keinen einzigen Fisch. In den Mangrovenwäldern der Karibik hat es der Austernfischer, der seit 50 Jahren Austern erntet, heute schwer, sie zu finden. Einen Teil dieses Buches habe ich in der Türkei geschrieben, direkt am Meer. Wie immer bin ich ins Meer gesprungen, um es auszukundschaften. An zwei von drei Tagen habe ich keinen einzigen Fisch gesehen.

Dies sind nur einige eindrückliche Beispiele für die von Menschen verursachten Folgen des Klimawandels, der Plastikverschmutzung, der Überfischung und der Veränderung der biologischen Vielfalt, die mir nicht aus dem Kopf gehen. Ich bin neugierig darauf, wie das Meer aussehen wird, wenn unsere Kinder und Enkel zu schnorcheln beginnen.

Zeit, zu handeln

Die amerikanische Meeresforscherin Sylvia Earle sagt: »Unser Handeln in den nächsten zehn Jahren wird den Zustand des Ozeans für die nächsten 10.000 Jahre bestimmen.« Auf See ist der Lebensstil einfach. Man lernt die Kostbarkeit von Trinkwasser und Strom bewusster wahrzunehmen und weiß, jeden Tropfen Trinkwasser bewusst zu nutzen.

Wir haben einige Probleme zu bewältigen. Die gute Nachricht ist, dass die Ozeane widerstandsfähig sind und wieder ins Gleichgewicht kommen können, aber sie benötigen dafür unsere Hilfe. Viele Vorschläge werden diskutiert, aber ihre Umsetzung liegt in den Händen von Regierungen, politischen Entscheidungsträgern und Unternehmen. Uns fehlt leider nur die Zeit, darauf zu warten, dass den Ozeanen in deren Agenda Priorität eingeräumt wird. Umso wichtiger ist es, dass wir selbst bewusste Entscheidungen treffen, mit denen wir unseren ökologischen Fußabdruck bessern, zum Wohl des ganzen Planeten. Wir alle sind verantwortlich, und nur gemeinsam können wir sie schützen und die Bedrohung abwenden.

Unser Handeln kann dabei Teil der Lösung sein. Schließlich reagieren Regierungen und Unternehmen auf die Entscheidungen der Öffentlichkeit. Indem wir als Verbraucher bewusste Entscheidungen treffen, können wir beeinflussen, was morgen auf dem Markt sein wird. Ich hoffe, dass vielen Mitseglern die Dringlichkeit ihres Handelns bewusster wird, allein durch die Eindrücke, die sie auf dem Meer gesammelt haben. Denn damit fängt alles an: Bewusstsein. Wir können nur dann verändern, wenn wir wissen, wo das Problem überhaupt liegt. Wir sind so sehr daran gewöhnt, die Dinge so zu tun, wie wir sie tun, dass uns die Auswirkungen unseres Handelns gar nicht bewusst sind. Einfach mehr darauf achten, was um einen herum im täglichen Leben so alles geschieht und wie es sich auf die Umwelt auswirken kann.

Vorbereitung ist der Schlüssel. Wie bereits im Abschnitt über das Packen besprochen, kann man einen großen Unterschied machen, indem man clever meerestauglich packt. Ich habe schon alles über Bord fallen sehen: Hüte, Kaffeemaschinenteile, Windengriffe, Treibstofftanks, Schlüssel, Schraubenschlüssel, Schrauben, Schäkel, Handtücher, Heringe, Flaschen und Tausende von Styroporkugeln, wenn der Sitzsack ein Loch hatte. Man sollte keine Wasserflaschen, Sonnenbrillen oder Kappen herumliegen lassen. Boote bewegen sich, und der Wind bläst. Es geschieht leicht, dass Dinge versehentlich über Bord fallen. Wenn es einem bei aller Vorsicht selbst passiert, bietet sich einem eine ausgezeichnete Gelegenheit, »Mensch über Bord« zu üben.

Recherche ist das A und O. Meeresschutzgebiete sind oft in Seekarten und Lotsenbüchern angegeben. Wer durch solch ein Schutzgebiet segelt, sollte sich im Voraus über diese Gebiete informieren, um darauf vorbereitet zu sein, großartige Tier- und Pflanzenarten zu entdecken und diese mit der Welt zu teilen. Oder ein illegales Fischereifahrzeug aufzuspüren und dabei zu helfen, die Gesetze auf See durchzusetzen. Man sollte eine umfassende Recherche über das Reiseziel anstellen, das man ansteuert. Wie sieht es mit der Abfallverwertung aus? Es ist sinnvoll, Blogs und Reiseführer herunterzuladen, damit man die Informationen auch offline zur Hand hat, wenn kein Internetzugang zur Verfügung steht.

Beitrag zur Forschung. Es gibt so vieles, was wir noch nicht über den Ozean wissen. Vor allem außerhalb der Küstengebiete ist es eine logistische und wirtschaftliche Herausforderung, Daten für die Forschung zu sammeln. Als Segler sind wir bereits dort draußen und können Orte weitab der Zivilisation erreichen. Warum sollte man seine Sichtungen von Wildtieren, Umweltverschmutzung und illegaler Fischerei nicht zu einem Teil von etwas Größerem machen? Unsere Beobachtungen vor Ort können äußerst wertvoll sein, um einen besseren Einblick in die Vorgänge im Meer und in die Tierwelt zu gewinnen. Je mehr wir wissen, desto bessere Lösungen können wir entwickeln. Auf der Ressourcenseite www.oceannomads.co/resources sind Initiativen zu finden, die unsere Beiträge und Beobachtungen aus dem Meer begrüßen.

Man sagt oft: »Du bist, was du isst.« Dem kann ich mich durchaus anschließen. Aber es ist nicht nur das. Du bist auch das, was du kaufst, verwendest, verpackst und dir selbst schenkst. Um etwas zu verändern und nachhaltig zu leben, braucht man nicht nur Solarpanele auf dem Boot oder dem Dach (obwohl das eine gute Investition sein kann). Dank meines Solarpanels konnte ich dieses Buch schreiben. Bei einem verantwortungsvollen Leben geht es darum, wie man denkt, kauft, plant und sich vorbereitet – und wo. Egal, ob man um die Welt reist oder zum Markt um die Ecke geht, vorausschauendes Denken hilft. Woher kommen die Dinge um einen herum, wie wurden sie hergestellt, und von wem? Und wohin gehen die Dinge, nachdem wir sie entsorgt haben? Wenn wir beginnen, zu hinterfragen und unseren Detektivblick schärfen, können wir unser Leben so gestalten, dass sich die negativen Auswirkungen auf unsere Umwelt verringern. Und ich garantiere, dass es Freude macht, etwas zum Positiven zu verändern, vor allem wenn man selbst herausfindet, wo das Problem liegt. Ein Segelabenteuer gibt einem die Möglichkeit, innezuhalten, nachzudenken, zu reflektieren und den weiteren Weg zu planen.

Ich empfehle jedem, der in See sticht, Geschichten, Fotocollagen und Videos zu erstellen und seine Reiseerfahrungen mit der ganzen Welt zu teilen. Segeln ist eine Reise der Inspiration, des Lernens und ein Gewinn vieler neuer Einsichten. Die Magie des Ozeans mit anderen zu teilen, wird inspirieren, aufklären und das Bewusstsein schärfen. Man kann dazu beitragen, Einstellungen und Verhalten zu ändern, indem man seine Erfahrungen weitergibt.

Mein Online-Portal heißt Oceanpreneur.com. Wenn es das WiFi zulässt, teile ich Abenteuer- und Naturschutz-Updates auf Instagram, Facebook und YouTube (@oceanpreneur). Ich hoffe, dass ich damit zu Abenteuern inspirieren und Menschen helfen kann, aktiv zu werden.

Immer mehr Segler befahren die Meere unter Nutzung von Apps auf ihren Handys oder Tablets. Es gibt zahlreiche Seglerplattformen, auf denen man Daten über ein Schiffswrack, einen fantastischen Aussichtspunkt, eine Happy Hour oder eine Ankersituation eingeben kann. Relevante Informationen sollten an andere Segler weitergegeben werden, damit sie nicht direkt auf einem Seegrasbett ankern oder im Meeresschutzgebiet mit einer lauten Wakeboarding-Session zur Störquelle werden. Gerade Berichte über Ankerplätze sind hilfreich, um auf schlechte Praktiken hinzuweisen und davon abzuraten.

Jeder sollte überlegen, was er mit seinen Fähigkeiten und Ressourcen leisten kann, um diese Welt zu verbessern. Wer lesen, schreiben, sprechen und reisen kann, ist mit der Fähigkeit gesegnet, große Dinge für die Menschen und den Planeten zu tun. Gemeinsam kann man manchmal noch mehr bewirken, weshalb man sich mit anderen Personen und/oder Organisationen zusammenschließen sollte. Auch mit dem Engagement in einer Meeresorganisation oder für ein Projekt in der eigenen Gemeinde kann Großes bewirkt werden. Die Superkräfte, die wir haben, machen es möglich.

»Unsere Probleme sind von Menschen gemacht, also können sie auch von Menschen gelöst werden. Und der Mensch kann so groß sein, wie er will. Kein Problem des menschlichen Schicksals ist jenseits der Menschen«, das sagte schon John F. Kennedy, der 35. Präsident der Vereinigten Staaten. Man sollte die Politiker unterstützen, die etwas gegen den Klimawandel unternehmen, und dafür sein Wahlrecht nutzen. Es werden viele großartige Dinge für den Ozean getan, und wenn wir Meeresschutzgruppen und ihre Initiativen unterstützen, leisten auch wir einen wichtigen Beitrag, den wir in den sozialen Medien teilen sollten. Viele Umweltorganisationen sind sehr engagiert, werden aber aufgrund fehlender finanzieller Mittel zurückgehalten. Spenden und die Unterstützung der Öffentlichkeit helfen den Akteuren, mehr zu bewirken.

Zum Beispiel eine Hafenreinigung zu organisieren, das ist eine tolle Aktion. Einfach mal seinen Ponton oder den Hafen, in dem man sich aufhält, von Grund auf säubern. Dadurch wird auch das Bewusstsein in der lokalen Gemeinschaft geschärft. In Las Palmas schloss sich Ponton L eines Tages zusammen, um den Yachthafen zu säubern. Der Wind hatte gedreht, und der Hafen war voller Müll.

Was mich am meisten aktiviert hat, den Ozean zu retten, ist die Inspiration durch die Menschen um mich herum. Während des Segelns trifft man so viele Menschen, die sich für den Ozean engagieren, mit unterschiedlichem Hintergrund, aber der gemeinsamen Liebe für das Meer. Das hat mir tiefe Einblicke in die Welt der Meere gegeben und einmal mehr unsere Verantwortung für den Planeten vor Augen geführt.

Offline habe ich die tollsten Menschen kennengelernt, aber es ist auch einfacher, sich online zu vernetzen. Mit Meeresforschern, Botschaftern, Sportlern und allen anderen, mit denen wir zusammenarbeiten können, um den Ozean zu retten. In der Ocean Nomads Community können wir unsere Meeresmenschen finden, ihnen folgen und sie von beinahe jedem Ort aus erreichen.

Jeder kann Inspiration und Vorbild für andere sein. »Sei die Veränderung, die du in der Welt sehen willst.« Diese Worte von Mahatma Gandhi inspirieren mich. Die vielleicht größte Herausforderung beim Schutz der Meere besteht darin, die Herzen, den Verstand und das Engagement der Menschen zu gewinnen. Dabei geht es um jeden einzelnen Bewohner unseres Planeten. Wir sind alle miteinander verbunden. Wir befinden uns alle auf einer Reise, und wir alle haben unsere eigenen Qualitäten, wenn es darum geht, etwas zu bewirken.

Man kann seinen Kapitän und die Gemeinschaft an Bord zu Veränderungen im Lebensstil inspirieren, indem man mit gutem Beispiel vorangeht und kleine, für die Umwelt positive Maßnahmen ergreift.

In Yachthäfen und Yachthafenanlagen kann man versuchen, Verantwortliche von dem großen Nutzen von Recyclinganlagen zu überzeugen.

Alles, was man auf See sieht und lernt, sollte man den anderen Besatzungsmitgliedern und dem Kapitän sowie seiner Familie und seinen Freunden zu Hause erzählen. Nichts inspiriert mehr zum Umdenken als emotionale Erfahrungsberichte.

Andere Menschen zu motivieren, ihren Plastikgebrauch zu ändern, indem man ihnen praktikable Alternativen aufzeigt (wiederverwendbare Flaschen, Leinentaschen), ist ebenfalls ein wichtiger Beitrag für den Schutz der Meere.

Gerade in Gemeinden, in denen das Bewusstsein gering ist, sollte man mit gutem Beispiel vorangehen. So ist es etwa auf den Inseln von großer Bedeutung, auf sein Handeln und seine Einkäufe zu achten.

Praktizieren, was man predigt. Und vor allem: sich seiner Liebe zum Meer bewusst werden. Dann fällt es gar nicht so schwer, jeden Tag sein Bestes zu tun, um es zu retten.

Unter die Oberfläche tauchen. Ein aufregender Teil des Segelns ist es, in abgelegenen Buchten vor Anker zu gehen und dort zu tauchen. Zu lernen, wie man schnorchelt, freitaucht oder taucht, und damit viel Zeit zu verbringen. Über aktuelle Projekte, zu denen man mit der Disziplin Tauchen Sinnvolles beitragen kann, findet man Informationen auf der Ressourcen-Seite www.oceannomads.co/resources.

Eine der einflussreichsten Entscheidungen, die wir jeden Tag für unsere eigene Gesundheit und die des Ozeans treffen können, betrifft unsere Ernährung. Also das, was wir unserem Körper zuführen. Unser Planet hat nicht die Kapazität, uns alle so zu ernähren, wie wir jetzt konsumieren. Beginnen kann man damit, sich über diese Themen zu informieren. Mit mehr Wissen und Bewusstsein kommt das Handeln. Am besten man findet heraus, was für einen gut funktioniert. Es geht um Fortschritt, nicht um Perfektion.

Auch durch die entsprechende Kindererziehung kann man einen wichtigen Beitrag zum Schutz der Umwelt leisten. Schließlich sind sie die zukünftigen Führungskräfte und unsere größte Hoffnung auf Veränderung. Die Änderung von Verhaltensmustern bei Erwachsenen, die sich über viele Jahre hinweg Gewohnheiten angeeignet haben, kann dauern, aber die kommenden Generationen können von Anfang an die richtigen Gewohnheiten etablieren. Nehmen wir unsere Kinder, Neffen, Nichten und Freunde mit an den Ozean. Wir schützen, was wir lieben, und sie werden es lieben.

»Suzanna, Türkisch–Englisch?« Nilsu, meine 7-jährige Nachbarin, fragt, ob ich den Google-Übersetzer öffnen kann. Sie spricht nur wenige Worte Englisch, und ich spreche nur wenige Worte

Türkisch. Aber das ist kein Problem. Über Handzeichen, Mimik und Google sind wir gute Freunde geworden. Sie beginnt zu tippen: »Bugun icin tesekkur ederim. Denizin alti cok cok guzel yosunlar baliklar.« Google sagt: »Vielen Dank für heute. Der Meeresboden ist sehr, sehr schön, Algen, Fische.« Sie lächelt und umarmt mich. Diese Woche habe ich Nilsu geholfen, sich im Wasser wohlzufühlen. Wo sie anfangs Angst hatte und nicht stehen konnte, hebt sie jetzt fröhlich ab ins blaue Meer. Manchmal sogar ohne das aufblasbare Krokodil. Das ist definitiv der Höhepunkt meiner Woche. Nilsu ist dabei, die magische Welt unter der Oberfläche zu entdecken. Und auch den verwüsteten Zustand, in dem sich die Welt befindet. Nilsu, ich und das Krokodil haben ein paar Abenteuer zur Erforschung des Ozeans unternommen. Wir haben den »goldenen Fisch« entdeckt und – Plastik! »Suzanne, Plastikproblem«, und sie zeigt auf eine Eisverpackung, die vorbeischwimmt. Sie besteht darauf, dorthin zu schwimmen, um es herauszuholen. Vorhin habe ich ihr ein paar Fotos von meinen Erkundungen im Meer gezeigt, darunter auch solche von zerstörten Stränden und Fischen, die Plastik anknabbern. Es scheint, als hätte dies etwas in ihr ausgelöst. Nicht nur ihren Aktivismus, sondern auch ihre Kreativität. Aus einer Plastiktüte bastelt sie einen Griff für das Krokodil, haha. Eine künftige Führungspersönlichkeit ist dabei, sich zu entwickeln.

Ganz wichtig: Man sollte niemals aufhören, zu lernen. Je mehr wir wissen, desto bessere Entscheidungen können wir für unsere und die Gesundheit der Ozeane treffen. Wir sollten auf eine Expedition gehen, mit den Menschen vor Ort sprechen und deren Lebensraum kennenlernen, sollten schwimmen, tauchen, schnorcheln und mehr über andere Kulturen erfahren, über ökologische und soziale Herausforderungen. Man kann Kurse zu den Themen Nachhaltigkeit, Galaxie, Geografie, Ernährung und Ozeane besuchen, Podcasts hören, Bücher lesen und Dokumentarfilme ansehen.

Mehr erforschen. Wir können Gutes tun und gleichzeitig Spaß haben, sollten jeden Moment draußen genießen, uns mit der Natur verbinden und uns bewusst machen, wie unglaublich gesegnet wir sind, auf einem so schönen Planeten zu leben. Das gibt uns die nötige Energie, um weiterzumachen. Manchmal kann es ein wenig deprimierend sein, die Ausbeutung der Menschen und unseres Planeten zu sehen, zu lernen und zu erleben, aber man sollte sich davon nicht das Leben verderben lassen. Wir haben nur das eine und sollten es zu einem guten Leben gestalten, für jetzt und die Zukunft.

Das Streben nach einem gesunden Meer und einem gesunden Lebensstil hängen eng miteinander zusammen. Man kann sich mit der Natur verbinden, Plastik vermeiden, Schäden selbst reparieren, Dinge erschaffen, vieles vereinfachen, verwenden, was man hat, und nur das kaufen, was man wirklich braucht, am besten lokal. Man sollte mehr erkunden, sich zusammenschließen, seinen Weg gehen, neugierig bleiben und wild. Auch rein bleiben, Pflanzen essen, Freundlichkeit verbreiten, sich seiner Privilegien bewusst sein und entsprechend handeln. Einfach so oft wie möglich seine Superkräfte nutzen, und ab und zu mal aus der Pfanne essen. So spart man Geschirr. Und Wasser. Und Zeit. Inspirieren können hier die Worte des 14. Dalai Lama Tenzin Gyatso: »Wenn du denkst, dass du zu klein bist, um etwas zu bewirken, dann versuche mal zu schlafen, wenn eine Mücke im Raum ist.«

Jetzt ist die Zeit, zu handeln, aber jetzt ist auch die Zeit, zu leben. Trotz der Herausforderungen gibt es überall um uns herum so viel Schönes. Wir wissen nicht, was morgen passieren wird, also lasst uns das Beste aus jedem Moment machen. Lasst uns präsent und achtsam sein. Indem wir die kleinen Erfolge feiern, erhalten wir die notwendige Energie, um uns für das große Ziel einzusetzen.

Glossar

Achterknoten Stopper am Ende einer Leine, um zu verhindern, dass sie aus einer Öse oder Klemme herausrutscht.

AIS Automatisches Identifizierungssystem. Tracking-System zur Vermeidung von Kollisionen auf See. Ein AIS-Empfänger ist das Minimum, das benötigt wird. Die meisten Boote senden auch Signale aus (automatic sdentification system).

Antizyklon Ein Hochdruckgebiet, um das die Luft langsam im Uhrzeigersinn zirkuliert. Im Gegensatz zu Zyklonen sind Antizyklone mit höherem Luftdruck gekennzeichnet und daher mit ruhigem und schönem Wetter verbunden.

Aufriggen, auch auftakeln genannt, bedeutet, das Boot bereit zu machen. Die Takelage eines Schiffs ist das System der Masten und Leinen.

Backbordseite Die linke Seite eines Bootes, wenn man nach vorn schaut.

Beaufort Einheit für die Windstärke. Die Beaufortskala wird in der Wettervorhersage zur Angabe der Windgeschwindigkeit verwendet.

Beiboot Kleines aufblasbares Boot, um das Ufer zu erreichen, wenn man vor Anker liegt.

Bénéteau Ein französischer Bootsbauer, der einen beträchtlichen weltweiten Marktanteil bei den Segelyachten hat.

Besanmast Der hintere Mast eines Schiffes mit zwei oder mehr Masten.

Besatzung Personen auf dem Boot

Bilge Der Bereich am Boden des Bootsrumpfs, in dem sich eingedrungenes Wasser sammelt. Er muss regelmäßig ausgepumpt werden.

Bimini Umlegbares Verdeck für das Cockpit eines Bootes. Es schützt vor Sonne und Wind.

Biokraftstoff Kraftstoff, der aus organischem Material, einschließlich Pflanzenmaterial und tierischen Abfällen, hergestellt wird. (Palmöl entwickelt sich zu einer beliebten Quelle für Biokraftstoff, bringt aber viele Probleme mit sich, wie die Abholzung von Wäldern, die Zerstörung des Lebensraums der letzten Orang-Utans und die Verletzung der Rechte indigener Völker).

Block Ein Gehäuse mit einer oder mehreren Rolle(n), über die Leinen und Taue laufen.

Bug Der vordere Teil eines Bootes.

Böe Ein plötzlicher Anstieg des Windes, örtlich begrenzt, mit einer Geschwindigkeit von 20–25 **Knoten**, geht in der Regel mit Regen und manchmal auch mit Blitz und Donner einher.

Breitengrad Zeigt den Standort nördlich oder südlich des Äquators an und wird in Grad (die horizontalen Linien auf der Karte) gemessen.

Callaloo Ein karibisches spinatähnliches Superfood aus Afrika.

Charter Ein organisierter (kommerzieller) Segeltörn, bei dem man für die Teilnahme oft bezahlt.

Cockpit Der Bereich bei dem Steuerrad oder der Pinne zur Steuerung.

Deck Die flache Oberseite des Bootes.

Einrümpfer Boot mit nur einem Rumpf.

Fackeln (Seenotfackeln) Ein intensives Licht ohne Explosion. Leucht-fackeln werden zur Signalisierung, zur Beleuchtung in Notfällen oder bei Nebel eingesetzt.

Fender Luftgefüllte »Schutzkörper«, die man zum Schutz des Bootes an die Außenwand hängt.

Fock Ein dreieckiges oder rechteckiges Segel am vorderen Mast des Bootes.

Foul Weather Gear Wasser- und winddichte Segelbekleidung, die den Segler vor Regen, Gischt und Wind schützt.

Geisterfischerei Verlorene Netze, die im Meer treiben. Geister-fischernetze sind eine der größten Gefahren für Wildtiere, die im Meer oder in Meeresnähe leben.

Genua Ein großes Focksegel am vorderen Teil des Bootes.

Grauwassertank Der Abwassertank von Waschbecken und Dusche. Manchmal gefiltert, manchmal nicht.

GRIB-Datei Eine kostenlose Wettervorhersage mit wenigen Kilo-byte, die man auf See mit dem Satellitentelefon herunterladen kann.

Großsegel Das Hauptsegel, das sich hinter dem Hauptmast eines Segelschiffs befindet.

Halse Manöver, bei dem das Schiff mit dem Heck durch den Wind geht und die Segel anschließend auf der anderen Seite des Schiffs geführt werden. Immer mit einer Kursänderung verbunden.

Heck Der hintere Teil des Bootes.

Hissen Setzen der Segel.

Katamaran Ein Boot mit zwei Rümpfen.

Ketsch Ein zweimastiges Schiff, bei dem der kürzere Mast, der Besan, am Heck vor dem Steuerrad liegt.

Klampe Das Gerät, mit dem ein Seil für ein Segel oder beim An-legen befestigt wird, oft aus Metall.

Knoten Der Wind und die Bootsgeschwindigkeit werden mit »Knoten« angegeben. Ein Knoten ist eine nautische Meile pro Stunde.

Koje Bett auf einem Boot.

Kokosnuss Tropisches Powergetränk und Nahrungsmittel.

Kombüse Die Küche auf einem Boot.

Längengrad Zeigt den Standort im Osten oder Westen an. Die Entfernung wird in Grad gemessen, bezogen auf den Meridian von Greenwich, UK. Grade auf Karten (die Erde hat 360 Längengrade) werden in 60 Minuten unterteilt.

Laufen Mit dem Wind fahren. Der Wind kommt beim »Laufen« von hinten.

Leesegel Ein Netz oder Tuch neben dem Bett, das verhindern soll, dass man aus der Koje fällt..

Levante Starker warmer Ostwind aus der Sahara.

Liegeplatz Platz in einem Hafen, an dem Schiffe festmachen können. Vom Festmachen spricht man oft, wenn das Boot an einer Anlegeboje befestigt wird.

Logbuch Hier werden die Ereignisse an Bord auf Papier (oder digital) festgehalten. Es enthält Informationen über Ankerplätze, Yachthäfen, Segelgebiete und Passagen. Es ist eine Art Reiseführer für Segler.

Lotsen Ein Lotse ist eine Person, die einem kommerziellen Schiff beim Einlaufen in einen Hafen hilft (Geld dafür einplanen). Manche Schiffe müssen von einem Lotsen eingewiesen werden, wenn sie länger als 120 Fuß sind.

Maschinenraum Der Bereich, in dem sich der Motor befindet.

Mast Als Schiffsmast bezeichnet man einen ganz oder annähernd vertikal aufgestellten Mast auf Schiffen.

MAYDAY Notruf, der (nur!) dann abgesetzt wird, wenn sofortige Hilfe (Lebensgefahr) auf dem Schiff, benötigt wird.

Messe Essplatz unter Deck.

Mikroplastik Kunststoffteilchen weniger als 1 mm groß.

MOB-Stange = Mensch-über-Bord-Stange. Dies ist eine Stange, die mit der über Bord gegangenen Person schwimmt und treibt. Sie macht es einfacher, die Position zu lokalisieren.

Navigationstisch Der Tisch mit den Karten und Navigationsgeräten, auch Kartentisch genannt.

Nelkenknoten Dies ist ein praktischer Knoten, da er schnell geknüpft und leicht angepasst werden kann.

Neptun Gott des Meeres.

Nördliche Hemisphäre Die Hälfte des Planeten Erde nördlich des Äquators.

OXO-Standardmethode zum Befestigen einer Leine an einer Klampe.

Ozeanversauerung Die Veränderung des pH-Werts (numerischer Indikator für Alkalität) im Ozean. Wenn der Ozean CO_2 aus der Atmosphäre aufnimmt, kommt es zu einer chemischen Reaktion, durch die das Wasser saurer wird.

Palstek Der nützlichste Knoten auf einem Boot (und im Leben). Die Schlaufe löst sich auch bei wechselnden Belastungen nicht.

PAN-PAN Notruf über UKW-Funk, aber keine lebensbedrohliche Situation.

Passatsegel Segeln mit zwei Vorsegeln, eines auf jeder Seite, oft mit ausgerolltem Segel.

Passage Eine Reise, die Navigation, Planung, Seemannschaft, Seetüchtigkeit und eine kompetente Seemannschaft erfordert.

Per Anhalter segeln Spontanes Mitsegeln auf einem fremden Segelboot. Darunter zählen alle Varianten: ob man Segelerfahrung hat oder nicht, ob man Geld beisteuert oder nicht, ob man das Boot im Voraus online oder vor Ort im Hafen gefunden hat.

Personal Locator Beacon Das technologisch fortschrittlichste Rettungsgerät der Welt, das zum ersten Mal sowohl die globale als auch die lokale Rettung in einem Warnsystem vereint, wodurch der

Zugang zur Küstenwache und zum Such- und Rettungsdienst sowie zu kommerziellen und Freizeitbooten in der Umgebung erweitert wird.

Phytoplankton Kleinste Meereskräuter, die sich im Meer genauso verhalten wie Blätter von Bäumen an Land.

Point of Sail Ein Begriff, der die Ausrichtung eines Segelboots in Bezug auf die aktuelle Windrichtung beschreibt.

Polymere Kunststoff, wird zum Beispiel aus Erdöl hergestellt und besteht aus einer Kette von Molekülen, die als Polymere bezeichnet werden. Die besondere Eigenschaft der Polymere ist die Größe ihrer Moleküle. Diese »Supermoleküle« lassen sich biegen, und es können verschiedene Arten von Chemikalien hinzugefügt werden.

Ponton Ein Schwimmdock, an dem Boote festgemacht werden.

Quecksilber Ein Schwermetall, das sich in Fischen anreichert und in großen Mengen für die menschliche Gesundheit gefährlich ist.

Rallye Eine Segelregatta, entweder als Wettkampf oder als Freizeitveranstaltung.

Riff 1. Korallenformation unter Wasser. 2. Verringerung (Reffen) der Größe der Segel.

Rollfock Rollbares Vorsegel.

Ruder Der Unterwasseraufsatz, der die Richtung des Bootes steuert. Das Steuerrad oder die Pinne steuert das Ruder.

Sargassum Eine artenreiche Gattung der Braunalgen, im Deutschen auch Golftange genannt.

Satellitentelefon Ein satellitengestütztes Kommunikationssystem, das Daten senden und empfangen kann (Anrufe, SMS und manchmal E-Mail), wenn man sich außerhalb der Küstenfunkzone befindet, als Sicherheitsmaßnahme sehr wichtig.

Schoner Ein Segelschiff mit zwei oder mehr Masten, wobei der Fockmast in der Regel kleiner ist als der Hauptmast und nicht höher als der Besanmast ist, falls ein solcher vorhanden ist.

Schwarzwasser Abwasser aus der Toilette.

Schwimmweste. Eine Schwimmweste sollte mindestens ein Licht, einen Reflektor und eine Spritzschutzhaube haben. Sie ist eine wichtige persönliche Sicherheitsmaßnahme.

Schot Die Steuerleine für ein Segel.

Seemannschaft Für den Skipper und die Crewmitglieder bedeutet »gute Seemannschaft« das sichere Führen eines Schiffes in jeder Lage und das Beherrschen schwieriger Situationen sowie wichtiger Regeln auf See.

Seeventile Die Ventile, die durch die Löcher im Schiffsrumpf führen (zum Ablassen des Abwassers und zum Hochpumpen des Seewassers).

Socke Der Schlauch eines Spinnaker- oder Fahrtenschachtsegels.

Stagsegel Ein dreieckiges Segel, an einem Stag befestigt. Das Stag ist eine Stange oder ein Drahtseil zur Abstützung des Mastes in der Längsrichtung des Schiffes.

Spinnaker Großes, symmetrisches Leichtwindsegel, das zum Vorwindsegeln verwendet wird.

SSB-Funk Kommunikationssystem mit großer Reichweite auf dem Meer.

Steuerbord Die rechte Seite eines Bootes, wenn man nach vorn schaut.

Steuerkurs Der Winkel des Schiffes zu einem Objekt (z. B. geografischer Norden). Es ist die Richtung in Grad, in die man sich bewegt.

Strömung Bewegung von Wassermassen in eine bestimmte Richtung. Eine Strömung im Ozean wird durch Kräfte erzeugt, die auf diese Strömung einwirken, z. B. brechende Wellen, Wind, der Coriolis-Effekt, Temperatur- und Salzgehaltsunterschiede. Eine Strömung unterscheidet sich von den Gezeiten, die durch die Anziehungskraft von Sonne und Mond verursacht werden.

Styropor Eine Art von Plastik. Wird in der Karibik häufig zum Mitnehmen von Lebensmitteln verwendet und ist heute ein häufiger Anblick an den Stränden der Karibik.

Tote Zone / Todeszone im Ozean, in der aufgrund von Sauerstoffmangel überhaupt kein Leben mehr existiert.

Tropischer Sturm Der Wind in einem tropischen Tiefdruckgebiet, der 35 Knoten (9 Beaufort) erreicht, wird Tropensturm benannt.

Vorsegel Segel vor dem vordersten Mast eines Segelschiffes.

Vorstag Ein Teil des stehenden Tauwerks, das verhindert, dass ein Mast nach hinten fällt.

Wellengang Wenn der Wind für eine gewisse Zeit weht, bewegt er das Wasser, was zu einer Dünung führt. Wellen im Ozean werden als Dünung bezeichnet.

Wenden Von einer Seite auf die andere wechseln, wenn man in den Wind geht – den Bug durch den Wind setzen.

Windabgewandte Seite Die windgeschützte Seite.

Winde Der runde Block, auf den die Leinen gelegt werden können, um die Leinen zu fixieren und die Spannung zu erhöhen.

Winschen Der Vorgang, bei dem eine Leine mit einer Windenkurbel gespannt wird.

Winschkurbel Der Stock, mit dem man eine Winsch anbringt, um mehr Spannung auf die Schoten und Fallen zu bringen, die die Segel halten.

Windwärts Die Seite, von der der Wind kommt.

Wirbelsturm Tropischer Zyklonsturm mit Stärke 9 auf der Beaufort-Windskala.

Yankee Ein hoch gekrümmtes und kleines, überlappendes **Vorsegel**.

Abkürzungen

CO₂ »C« steht für Kohlenstoff, »O« steht für Sauerstoff, daher wird Kohlendioxid oft als »C-O-2« bezeichnet und »CO_2« geschrieben. CO_2 ist ein Gas. Es ist unsichtbar und sehr wichtig für das Ökosystem.

COG Kurs über Grund (course over ground).

EPIRB Notfunkbake mit Positionsangabe. Wenn dieses Gerät aktiviert wird (entweder durch Versenkung oder manuell), wird ein Signal mit der Notposition an die Rettungsbehörden gesendet (emergency position-indicating radiobeacon station).

ETA Geschätzte Ankunftszeit (estimated time of arrival).

GPS Globales Positionsbestimmungssystem. Ein Navigationssystem, das Satellitensignale zur Standortbestimmung nutzt (global positioning system).

MOB Mensch über Bord (Man overboard).

MMSI Maritime Mobile Service Identity. Eine neunstellige eindeutige Nummer für ein UKW-Funkgerät.

MPA Meeresschutzgebiet. Die Naturparks des Meeres (marine protected area).

NM Nautische Meile oder Seemeile. Nautische Meilen messen Entfernungen und werden für die Navigation verwendet. Eine Seemeile entspricht einer Minute des Breitengrades auf dem Längengrad. Eine nautische Meile entspricht 1.852 Metern oder 1,15 Landmeilen.

NOAA Nationale Ozean- und Atmosphärenbehörde der Vereinigten Staaten. Eine Ressource für Wetterberichte über dem Atlantik (national oceanic atmospheric administration).

PCBs Polychlorierte Biphenyle. Giftige Chemikalie. Schon vor langer Zeit verboten, aber immer noch in Böden und Gewässern vorhanden.

PLB »Personal Locator Beacon«, eine persönliche EPIRB, die auf dem Boot registriert ist. Man kann sie in der Tasche tragen oder sich um den Hals hängen.

SOG Geschwindigkeit über Grund. Geschwindigkeit, die auch die Strömung berücksichtigt (speed over ground).

STCW10 Normen für die Ausbildung, die Erteilung von Befähigungszeugnissen und den Wachdienst von Seeleuten. Dies ist ein grundlegendes Sicherheitszertifikat, in dem man etwas über persönliche Sicherheit und Überleben, Brandbekämpfung, Erste Hilfe und Reanimation sowie persönliche Sicherheit und soziale Verantwortung lernt (standards of training, certification and watchkeeping).

TSS Verkehrstrennungsgebiet (traffic separation scheme).

UKW-Funkgerät Sehr hochfrequenter Funk, der für die Kommunikation zwischen Schiffen und Häfen in Küstengebieten verwendet wird. Maximale Reichweite in der Regel etwa 20–25 Meilen.

Umrechnung von Messungen

1 Fuß (ft) = 0,3048 Meter (m)

1 Meter (m) = 3,28084 Fuß (ft)

1 Tonne (t) = 1.000 Kilogramm (kg)

1 Gallone (gl) = 3,78541 Liter (l)

1 Knoten (kn) = 1 nautische Meile (NM)

1 Meile (an Land) = 0,868976 nautische Meilen

1.000 Meter = 0,539957 nautische Meilen

1 nautische Meile = 1.852 Meter oder 1,15 Landmeilen

1 Grad (°) = 60 Minuten

60 Minuten = 60 nautische Meilen

Celcius (°C) in Fahrenheit (°F): °F = (°C x 1,8) + 32

Fahrenheit (°F) in Celcius (°C): °C= (°F − 32) x 1,8

Das bin ich!

Suzanne in fünf Worten: Entdeckerin, Meerjungfrau, Umwelt-schützerin, Schöpferin und Ozean-Nomadin.

Hallo! Mein Name ist Suzanne. Ich bin eine abenteuerlustige, neugierige, umweltbewusste Meeresabenteurerin und Umweltakti-vistin. Seit mehr als 15 Jahren lebe ich ein einfaches, nomadisches, minimalistisches Leben mit einem einfachen Rucksack, nomadisierend mit dem Segel und auf Rädern. Jahrelang habe ich mehr auf See als an Land gelebt. Das hat mir vor allem die natürliche Welt, in der wir leben, sehr bewusst gemacht. Mein Zuhause und Basislager für Aben-teuer ist mein Wohnmobil, mein erstes Auto und mein erstes Haus. Wingo ist mein salziger Hundefreund, der das Meer genauso liebt wie ich. Schritt für Schritt baue ich mir ein autarkes Nomadenleben auf. Ich bin nach wie vor ungebunden – und ich bin zu zu neugierig, um mich mit weniger zufrieden zu geben. Vielleicht werde ich mich eines Tages niederlassen, aber wer weiß, wo.

Mit meinen Projekten möchte ich zeigen und ermutigen, das Abenteuer Ozean zu wagen, die eigene Wahrheit zu leben und eine bewusstere, einfachere und natürlichere Lebensweise zu schaffen. Das ist mein Weg, zu einem freundlicheren, schöneren und gesünderen Planeten beizutragen.

In all den Jahren, in denen ich um die Welt gereist bin, gab es eine Konstante: den Ruf des Meeres. Im, am oder in der Nähe des Meeres bin ich die beste Version meiner selbst. Ich tauche mit dem Freitauchgerät in die Tiefe, segle auf den Ozeanen, spiele mit Kites und surfe.

Das Meer gibt mir mein Spiel, meine Gesundheit, meinen Frieden, mein Leben. Ich fühle mich mehr denn je verantwortlich und motiviert, dem Ozean wieder mehr Leben einzuhauchen.

Mit diesem Buch möchte ich ermutigen, inspirieren und darüber informieren, wie man Ozeanabenteuer sicher, gesund und sinnvoll gestaltet und wie man selbst einen wichtigen Beitrag für die Rettung unseres Planeten leisten kann. Hoffentlich erweitert das den Horizont und löst positive Veränderungen aus. Denn wir alle müssen uns zusammentun, um unser Leben und die Weltmeere lebendig zu halten!

Mit meinem Buch sowie dem Kurs und der Gemeinschaft der Meeresnomaden möchte ich zu Abenteuern, Aktionen und zum Schutz der Meere ermutigen, inspirieren und informieren.

Ich freue mich über jeden, der sich mit mir in der Ocean Nomads Community verbindet oder mich auf Social Media grüßt @oceanpreneur.

Mit Liebe zum Ozean, Suzanne

Danksagung

Ich könnte ein ganzes Buch mit Danksagungen schreiben, in denen ich allen, die mir geholfen haben, meinen Dank ausspreche. Ich durfte den Ozean und die Entstehung dieses Buches erleben. Ein Ozean der Dankbarkeit für alle.

Ein herzliches Dankeschön an alle, die mich mit an Bord genommen haben, die mit mir an Bord gesprungen sind, und an andere Meeresbewohner, denen ich während der Abenteuer von Ocean Nomad begegnet bin, auf See als auch an Land während des Schreibprozesses und in der Gemeinschaft der Meeresnomaden. Gastgeber, Reisende und Freunde aus allen Lebensbereichen, Orten und Kulturen. Vielen Dank für eure Großzügigkeit, Gastfreundschaft und Kameradschaft. Ihr macht die Abenteuer aus!

Vielen Dank an all diejenigen, die ich nie getroffen habe, die mir aber folgen und mich mit ihren motivierenden Worten in den sozialen Medien unterstützen.

Ich danke dem Delius Klasing Verlag, dass er an mich herangetreten ist, dieses Buch zu veröffentlichen und an seinen Erfolg zu glauben.

Danke an meine Mutter und meinen Vater, für euren ständigen Glauben, eure Liebe, Unterstützung und Ermutigung. Und danke an meine Liebe Jonatan, für deine Unterstützung bei allem, was ich tue.

Und schließlich an alle meine Leser, ohne die dieses Buch nicht existieren würde.

Bibliografische Information der Deutschen Nationalbibliothek
Die Deutsche Nationalbibliothek verzeichnet diese Publikation
in der Deutschen Nationalbibliografie; detaillierte bibliografische
Daten sind im Internet über http://dnb.dnb.de abrufbar.

1. Auflage
ISBN 978-3-667-12849-2
Die Rechte für die deutsche Ausgabe liegen beim
Delius Klasing Verlag GmbH

Lektorat: Kirsten Ochs
Umschlagfotos: Pexels, Suzanne van der Veeken
Fotos: Suzanne van der Veeken
Umschlaggestaltung: Uwe C. Beyer, freihafen studios, Hamburg
Satz: Axel Gerber
Druck: Friedrich Pustet, Regensburg
Printed in Germany 2024

Delius Klasing Verlag GmbH, Siekerwall 21, D – 33602 Bielefeld
Tel.: 0521/559-0, Fax: 0521/559-115
E-Mail: info@delius-klasing.de
www.delius-klasing.de